心理健康：追尋靈性

TORN CURTAIN PUBLISHING
奧克蘭, 紐西蘭
www.torncurtainpublishing.com

ISBN 軟封面 978-1-991299-77-2 (softcover)
ISBN 電子書 978-1-991299-78-9 (ePub)

本書內容無意替代專業心理或精神護理, 建議, 診斷或治療抑鬱症, 焦慮症, 躁鬱症或任何其他心理健康問題。

本書中描述的一些人物姓名和身份資訊已被更改, 以保護其隱私。

經文引自中華基督教會聯會出版的《聖經·和合本》。經授權使用。版權所有。

標有NKJV的經文引用取自《新英王詹姆斯版本》(New King James Version)。版權歸托馬斯·納爾遜公司(Thomas Nelson, Inc.)所有, 1982年版。經許可使用。版權所有。

排版：Han Serif

出版數據編目
標題：心理健康：追尋靈性：一位基督教精神科醫生對恐懼和焦慮的理解
作者：黃錦成醫生
主題：基督教生活, 心理健康, 精神疾病, 焦慮症, 基督教精神, 諮詢, 抑鬱症, 心理健康與幸福, 強迫症, 注意力缺陷多動障礙, 情緒健康, 聖經研究, 基於信仰的心理治療, 牧區資源。
該書在紐西蘭國家圖書館有收藏。

我認識黃錦成和他的妻子格瑞西亞已經很多年了。他是一名專業合格的精神科醫生，也是一名虔誠的基督徒。在這本書中，黃錦成醫生巧妙地探索了現代精神健康療法與靈性之間的界限。他非常了解現代精神醫學的實踐，包括藥物處方和心理諮詢。但在治療因壓力和焦慮而出現心理健康問題的患者時，黃醫生動地描述了一些患者因對上帝的信任和信心的無形力量而得到了康復。

我很好奇，在這本書中，黃醫生是如何如此清晰地概述許多人每天面對的心理掙扎的。作為一名牧師，我有時會感到周圍都是遭受心理創傷的人。我們的世界充滿了內心的掙扎，有些人能夠取得勝利，有些人則不太成功，但每個人都會經歷這種掙扎。在這本書中，黃醫生展示了他對聖經的智慧和洞察力。這也提供了他治療內心創傷的額外工具。我向所有致力於理解和幫助周圍的人的工作者推薦這本書。

— **彼得·蘇卡西勒**
以色列卡梅爾會眾聯合創始人

《心理健康：追尋靈性》將受到耶穌的信徒和教會領袖的歡迎。他們都在尋求加深對個人信仰與心理健康問題之間關係的理解，而這些問題是我們這個世界上許多人每天都要面對的。這本書發人深省，見解深刻且實用性強，它將深刻的聖經真理與數十年的臨床專業知識相結合，以說明信徒體驗耶穌所許諾的豐盛生命。閱讀本書的人將得到極大的祝福！

— **詹姆斯·黃**
悉尼安科爾教堂副牧師

《心理健康：追尋靈性》是黃醫生畢生的心血之作。它凝聚了作者多年臨床實踐的心血，真實地反映了人類痛苦和基督徒的應對之道。這本書巧妙地綜合了複雜的主題，以一種易於閱讀的形式向讀者呈現了作者數十年的智慧。作為朋友和同事，我強烈推薦這本書。

— **維爾納·泰希特**
悉尼和南非臨床心理學家

三十多年來, 黃錦成醫生一直在幫助兒童, 青少年及其家庭保持心理健康。黃醫生在精神科領域和基督教社群中都是一位領軍人物。我們很幸運, 他將他淵博的專業知識濃縮在了《心理健康:追尋靈性》一書中。書中不僅敏銳地觀察了基督徒為何無法免受生活在這個世界上的挑戰, 還探討了世俗心理和精神治療如何與基督教世界觀相結合, 幫助我們獲得心理健康。這本書對基督徒, 牧師和專業人士來說都是一本重要的書, 我很高興向所有人推薦這本書。

— **特倫斯·林**
悉尼精神科顧問醫生

《心理健康:追尋靈性》一書為當今關於心理健康與基督教精神之間關係的嚴肅對話做出了卓越貢獻。黃錦成醫生作為執業精神科醫生擁有豐富的經驗, 同時他對基督教信仰和靈性有著堅定的信念。這兩者的完美結合使這本書對每個人來說都彌足珍貴——所有需要瞭解基督教靈性內涵的精神科醫生, 陪伴教會成員應對精神問題的當地牧師, 以及所有在黑暗中苦苦掙扎的基督徒。這本書以科學為基礎, **符合神學原則**, 在靈性上給人以鼓舞。

— **喬斯·阿迪普拉塞特亞**
印尼, 雅加達神學院

黃錦成醫生的《心理健康:追尋靈性》一書對心理健康與靈性滿足之間的緊密聯繫進行了變革性的探索。黃醫生憑藉其在兒童和青少年精神病學方面的豐富背景, 從文化和精神的角度為讀者提供了對心理健康的深刻理解。這本書不僅有助於提高理解力, 還為個人提供了增強其情感和精神韌性的實用策略。本書充滿富有同理心的見解和切實可行的建議, 對於任何希望加深對精神如何深刻影響心理健康並促進整體健康的人來說, 都是不可或缺的資源。探索由該領域頂尖專家撰寫的指南, 它能夠賦予您力量, 併為您提供啟迪。

— **彼得·陳**
馬來西亞鷹巢王國家庭

我認識黃錦成醫生很多年了，我非常欽佩他追求卓越的精神和對上帝話語的深刻委身。在過去的幾十年裡，基督徒們越來越渴望更深入地理解並採用有益的方法來治療心靈創傷。我相信，精通醫學實踐並深諳聖經神學的黃錦成醫生在這本書中做出了重大貢獻。看到這本書出版，我感到非常興奮。它讓我想起了這樣一句話："沒有什麼比一個時機已到的想法更有力量了。"（維克多·雨果）

— **保羅·金**
榮耀國際教會牧師

簡而言之，您手中拿的是一本里程碑式的書，它為如何治療精神疾病提供了全新的範例。它為成熟的心理治療模式與基督教精神信仰搭建了一座橋樑。我相信，這兩種模式的融合為精神疾病患者提供了比以往更全面的治癒途徑，僅憑出色的實踐練習，這本書就值得一讀！**儘管放心，我一定會把這本書放在我的書架上……**光是練習部分就值得一讀——尤其是"錨定"自己在極度焦慮中的步驟，以及學習"靜默與認識"的步驟，這是絕對的金科玉律。但我最喜歡的還是最後一章"凝視天父的臉"中的練習。這些練習現在將納入我自己的常規精神訓練中（感謝錦成！）。任何遭受恐懼或焦慮困擾的人都可以放心地運用這些簡單而有效的練習，從中發現上帝的平靜，這可能會永遠改變他們的生活！

這本書為所有心理健康問題患者帶來了希望，因為它為我們指明瞭如何與天父建立深厚親密關係的道路——天父始終是我們所有疾病的解藥。

— **保羅·里安**
悉尼愛流中心總監
澳大利亞, 太平洋和印度次大陸區域總監
愛流國際事工執行領導層成員

心理健康：追尋靈性

一位基督教精神科醫生
對恐懼和焦慮的理解

黃錦成醫生

目錄

黃錦成醫生是出生於馬來西亞的澳大利亞兒童, 青少年及家庭精神科醫生, 目前在悉尼從事兼職私人執業。 他早年成長於馬來西亞檳城, 但人生大部分時間生活在澳大利亞, 這種跨越東西方的經歷使他成為真正的雙重文化踐行者。除英語外, 他通曉多種語言, 既深諳儒家經典之學養, 又熟稔猶太-基督教傳統之精髓, 堪稱東西方智慧交融的典範。

作者序

數年前，我曾為一家基督教機構舉辦過系列心理健康講座。意識到這一議題亟需更深入的探討后，我決定撰寫一部專著，卻因診所事務繁忙，僅完成兩章便擱置了筆。倘若當時堅持寫完，那本書的內容定會與您此刻手中的這本大相徑庭。這些年，我對基督教靈性的認知不斷深化，新的領悟與實踐已深深融入我的個人生活和專業工作。

促使我重拾未竟之作的契機，源於在遠東與東南亞地區教學時的觀察。在那裡，我目睹了與澳大利亞本土相似的心理健康問題激增現象。更值得注意的是，心理困擾的侵襲不分宗教信仰——基督徒與非信徒一樣，承受著同等程度的生活壓力，不確定性，人際衝突，經濟重負，地緣政治動蕩的連帶傷害以及各類創傷。儘管基督徒的世界觀以信仰為根基，但在現有的心理健康治療體系中，這份信仰資源卻鮮被觸及。本書正是為了填補這一空白而作。

我刻意以通俗語言撰寫此書，摒棄專業術語與心理學行話。這不是一本精神科教科書，而是一次邀請：邀請您走進我的專業領域，也踏入我信仰的內心世界。無論您是否正經歷心理困擾，我都希望本書能助您更深刻理解心理健康議題，同時看見基督教靈性對心理健康領域的獨特貢獻。

請勿誤解——我絕非以"幻滅的精神科醫生"姿態否定現有療法。我絕不認同"精神治療無效，心理諮詢徒勞"這類論調。但基於三十年的臨床實踐，以及對患者內心世界與靈性生活的長期關注，我願向醫療同行與教會牧者篤定直言：在心理健康管理領域，尚有一條更卓越的道路可循。

寫作此書於我而言是莫大的祝福。願閱讀此書的您，亦能同沐此恩。

第一部分

心理健康與靈性

第1章

現代社會中的心理健康

我們生活在一個壓力和焦慮日益加劇的世界,但值得慶幸的是,人們對心理健康問題的認識和態度也比以往任何時候都更加開放——尤其是在西方。自20世紀50年代第一種用於治療精神分裂症的抗精神病藥物問世以來,神經科學家和醫生已經開發出大量用於心理健康治療的藥物。因此,與上世紀相比,精神疾病患者遭受歧視的可能性更小。然而,儘管取得了這些進步,人們對精神健康的認識和關注程度也有所提高,但人類卻比以往任何時候都承受著更大的壓力。

精神健康問題的普遍性

"壓力"一詞在二十世紀才開始用於精神健康問題。匈牙利醫生漢斯·塞利(Hans Selye)通常被認為是壓力研究領域的先驅[1]。在20世紀30年代進行觀察之前,"壓力"一詞更常用於物理科學領域。在研究各種金屬的物理特性時,科學家使用不同強度的壓力來"測試"金屬,以確定其變形的確切點。就像壓力施加到金屬上會導致劇烈變化一樣,壓力施加到人身上也會扭曲我們的人性,影響我們的行為。作為一名基督教精神科醫生,我相信人類是按照上帝的形象創造的(創世紀1:26,2:7),上帝賦予我們情感,智力和意志,讓我們能夠充分發揮這些能力。然而,壓力會導致我們無法按照上帝的意願過上理想的生活。雖然壓力在現代世界中不可避免,但我們可以通過瞭解人類壓力的本質

---

[1] 漢斯·塞利 (1936). 一種由多種多樣有害因素產生的綜合征. 自然, 第138卷(3479期), 32頁.

和成因，壓力對我們產生的影響以及如何最好地應對壓力甚至克服壓力來開始重新獲得最佳生活。

20世紀50年代，隨著《精神障礙診斷與統計手冊》的出版，心理健康分類的標準化在西方世界開始形成[2]。這使心理健康問題得到了更好的識別，診斷和治療。儘管如此，包括我在內的部分心理健康從業者認為，過去五十年間，心理健康問題的發病率總體呈上升趨勢。心理健康專家目前正在確定許多被認為是"新出現"的心理健康問題。其中包括創傷后應激障礙（PTSD），複雜創傷后應激障礙（C-PTSD）和自閉症譜系障礙（ASD）。

最近，世界衛生組織承認了新冠肺炎疫情對心理健康的影響，並報告稱全球心理健康問題因此有所增加。疫情帶來了各種新的壓力，包括對健康，社會隔離，經濟困難和日常生活中斷的擔憂。這些壓力導致全球許多個人和社區的心理健康問題日益嚴重。在我從事精神科工作的悉尼，心理健康問題層出不窮。許多精神科醫生的新患者候診時間長達十二個月或更久。有些人甚至不再接收任何新轉診患者。至少在澳大利亞，精神健康問題似乎已經達到了流行病的程度。

在COVID-19大流行之前的兩年中，據估計有14.3%的18至34歲的澳大利亞人報告說他們有高度或非常高度的心理困擾——這表明該年齡段人群的焦慮和抑鬱程度[3]。在2020-21年，這一數位上升到了20%（16-34歲的澳大利亞人）[4]。自殺是這一年齡段人群最常見的死因，這並不奇怪。事實上，從2019年到2021年，自殺是15-24歲澳大利亞人中的主要死因[5]。

自殘雖然與自殺有著不同的根源，但似乎也在增加。雖然自殘通常是為了釋放情緒痛苦和壓力，而不是結束自己的生命，但自殘比我們通常認為的要普遍得多，特別是在年輕人中。許多年輕人通過穿著能夠隱藏燒傷和撕裂傷痕跡等證據的衣服，成功地掩蓋了他們在自殘方面的掙扎。

在過去三十年的兒童，青少年和家庭心理醫生實踐中，我目睹了心理健康問題的普遍性和複雜性都在增加。當我剛開始接受精神病學培

2　美國精神病學協會，《精神障礙診斷與統計手冊》（DSM-I）。美國精神病學協會，1952年
3　https://www.abs.gov.au/statistics/health/mental-health/national-study-mental-health-and-wellbeing/latest-release
4　https://www.abs.gov.au/articles/first-insights-national-study-mental-health-and-well-being-2020-21
5　https://www.aihw.gov.au/reports/life-expectancy-deaths/deaths-in-australia/contents/leading-causes-of-death

訓時, 臨床醫生仍在使用上一代的抗抑鬱藥, 抗精神病藥和情緒穩定藥。第一代"新一代抗抑鬱藥"(俗稱百憂解)的出現曾引起人們的熱烈歡呼, 作為年輕醫生, 我們當時希望, 通過開正確的藥, 最終可以克服導致抑鬱症的社會和情感因素。然而, 事實並非如此。儘管有最好的診斷和治療方案, 壓力, 焦慮和抑鬱卻比以往任何時候都更普遍。據估計, 在任何時間點, 澳大利亞有25%的人口存在可診斷的心理健康問題。此外, 初級家庭醫生進行的諮詢中, 多達90%直接或間接與某些潛在的心理健康問題有關。

換言之, 我們的大多數身體疾病和問題都與心理健康問題直接相關——無論患者是否向醫生坦白自己的精神狀態。令人震驚的是, 許多心理健康問題偽裝成各種疼痛, 其中最常見的是背痛。此外, 長期遭受健康問題困擾(如慢性疼痛)的人更容易患上焦慮症和抑鬱症。這是一個惡性循環。

心理健康問題的複雜性

在我整個職業生涯中, 我注意到最大的變化之一是治療心理健康問題的難度越來越大。當我剛開始從事精神科醫生工作時, 很少有患者服用一種以上的抗抑鬱藥或情緒穩定藥。如今, 患者可能會因同一疾病服用多種藥物。為心理健康問題開多種藥物的醫生不再會受到指責或被視為無能。相反, 人們認識到, 更複雜的精神健康問題需要更複雜的治療方法。

這在注意力缺陷多動障礙(ADHD)患者甚至高功能自閉症(ASD 1級)患者的治療中尤為明顯。過去, 我可以根據對疾病的單一診斷, 為年輕患者申請特殊教育支援。如今, 我不能保證這些患者同樣符合獲得幫助的條件。這並不是因為教育局突然變得鐵石心腸, 而是因為那些患有焦慮症和抑鬱症等"複雜"精神健康問題的人遠遠多於那些患有注意力缺陷多動症或自閉症一級等"簡單"診斷的人。這是因為如今患有注意力缺陷多動症的兒童和青少年往往伴有焦慮症和抑鬱症等精神健康問題, 而資源總是有限的, 因此優先考慮為那些診斷結果更複雜的人提供支援。

在我接受精神病學培訓期間, 教授們告訴我, 焦慮和抑鬱等心理健康問題是有時間限制的, 而精神分裂症則是終身的折磨。然而, 這種觀點也發生了巨大變化。如今, 與任何心理健康從業者交談, 他們都會告訴你，心理健康問題的複雜性和嚴重性都在增加。事實上，我們中的許多人都有這樣的患者，無論我們嘗試什麼方法，他們似乎都對治療有抵觸情緒。心理健康問題正在增加，而且越來越難以解決。與許多同事一樣，我見過許多患有慢性抑鬱和焦慮症的患者。他們按時吃藥，認真參加諮詢和心理治療，並盡責地照顧自己的健康。然而，他們的抑鬱和焦慮仍未完全緩解。我非常敬佩他們，敬佩他們面對持續不斷的掙扎和似乎永無止境的痛苦仍能堅持生活的勇氣。

雖然抑鬱和焦慮是我們社會中兩種"主流"精神疾病，但在這本書中，我們將重點關注焦慮而非抑鬱。抑鬱症的複雜性和治療方法需要單獨成書。相反，我們將討論焦慮和恐懼這兩個方面的問題。

現在你可能會問："為什麼還要寫一本關於焦慮和恐懼的書？書店和圖書館里不是已經有很多這類書了嗎？"的確，從醫學，臨床，心理學甚至非專業角度出發，關於恐懼和焦慮的書籍已經有很多。但我希望我能帶來一個新的視角——靈性視角。許多人認為心理問題與靈性問題截然不同。我認為它們並非截然不同。雖然它們不是同義詞，但兩者之間存在明顯的重疊，而且相互影響。事實上，最近的研究表明，一個人的，靈性狀態不僅會影響其心理健康問題，還會影響其康復過程。一般來說，如果患者的靈性狀態得到認可並作為治療的一部分，那麼他們恢復健康和正常生活的能力就會比那些靈性狀態沒有得到認可的患者更快。

心理健康問題與靈性

除了從事兒童，青少年和家庭心理醫生的職業外，我還提供基督教牧養服務。在為病人祈禱並解決他們的問題時，我進一步認識到靈性信仰對我們的心理健康的重要性。我還發現，心理健康問題不分你我。基督徒和非基督徒都會面臨心理健康問題。我們生活在同一個世界，都會受到世界變化的影響。

雖然變化有助於我們學會適應和調整，但也會帶來壓力。變化時期的不確定性往往會導致焦慮，而焦慮會對我們的心理健康造成負面影響，因此有時我們會逃避或害怕化。

有趣的是，我觀察到我的基督教患者，朋友和熟人更難以接受心理健康這一概念。我的許多非基督教患者虔誠信教，對精神世界有著深刻的認知，但他們並不覺得心理健康與個人信仰之間存在矛盾。他們似乎更能接受信仰和心理健康共存, 他們更願意儘早尋求說明, 也更願意遵從治療。另一方面, 我的基督教患者對心理健康持對立態度的可能性更大, 他們遲遲不尋求說明, 並過早放棄治療。但是什麼導致他們對心理健康護理及其所有內容產生厭惡情緒呢?

我的大多數基督教患者都是通過口口相傳找到我的。還有一些人是在心理健康研討會或基督教會議上聽過我的演講。我並不以基督教精神科醫生的身份做廣告, 但我公開我的信仰, 並不隱瞞。因此, 在我的診所里有很多基督徒。

因此, 我可以自信且根據經驗斷言, 擁有基督教信仰並不能讓我們免受壓力和焦慮的影響。它不能阻止我們遭受童年不幸, 成長環境惡劣, 創傷或人生錯誤選擇的影響。這些人生經歷可能發生在任何人身上, 無論信仰如何, 都會讓人更容易患上心理健康問題。

儘管如此, 研究表明, 任何宗教信仰通常都能為心理健康問題患者帶來更好的預後(儘管正如我們所看到的, 它並不能從一開始就防止心理健康問題出現)。對於基督徒來說, 這種康復並最終戰勝疾病的希望建立在他們與耶穌的關係上, 與耶穌所說的話相一致:

> *我將這些事告訴你們, 是要叫你們在我裡面有平安。在世上你們有苦難, 但你們可以放心, 我已經勝了世界。*
>
> *----約翰福音16:33*

精神病學是一門非常特殊的學科。作為一名精神病學家, 我與患者朝夕相處, 常常陪伴他們度過人生的漫長歲月。在此期間, 我們之間形成了治療性的紐帶, 讓我能夠在他們克服心理健康問題的過程中給予希望。我很榮幸能夠從患者身上學到很多東西, 而他們也從我的身上學到很多東西。我欽佩許多人的勇氣, 他們堅持不懈, 直到取得勝利。我為他們勝利的喜悅而感到高興, 也體會他們痛苦時的煎熬。我見過一些患者通過服藥病情好轉, 還有一些患者拒絕服藥, 但通過諮詢和心理治療取得了勝利, 還有一些患者通過個人對精神健康的理解, 最終獲得了治癒。

儘管如此, 我相信還有更好的方法將基督教靈性融入主流實踐。藥物治療, 心理諮詢或心理治療固然有益, 但當我們融入基督教靈性時, 我們就能為心理健康帶來更全面的方法。正是從這個角度出發, 我寫下了這本書, 希望提供一種全新的評估方法, 為我們的患者帶來更好的結果。

在約翰福音10:10中，耶穌說：

盜賊來，無非要偷竊，殺害，毀壞；我來了，是要叫羊（或作"人"）
得生命，並且得的更豐盛。

這本書講述的是如何在心理健康問題中體驗豐盛的生命。它講述的是克服這些問題，實現目標的過程。它還探討了將傳統心理健康治療與基督教信仰相結合的概念，潛在結果，甚至案例研究。

但在繼續之前，讓我們回顧一下本章開頭提出的一個問題：為什麼心理健康問題日益嚴重？

第2章

心理健康問題為何增加?

大多數心理健康專家都會同意,心理健康問題最近有所增加。然而,很難準確衡量這種增加。主要原因是,直到最近70年,精神科醫生和心理學家才有機會使用更標準的"語言"來描述心理健康問題。第一部《精神疾病診斷與統計手冊》直到1952年才問世。然而,儘管當時缺乏明確的詞彙,現代精神病學的學科可以追溯到18世紀末或19世紀初。

正是精神分析學之父西格蒙德·弗洛德(Sigmund Freud)開始扭轉了人們對現代精神病學的理解和興趣,極大地影響了精神疾病的研究和治療。弗洛德強調無意識心理的存在以及童年經歷對成人行為的影響。他認為心理健康問題是我們心理衝突的結果。他還提出神經症源於無意識的衝突和童年經歷。因此,某些傳統上被視為精神疾病的狀況不再被歸類為精神疾病健康問題,而其他狀況則被更準確地命名和識別。例如,到了20世紀中期,弗洛德的作品開始在全球範圍內引發關於精神分析的討論近100年後,"焦慮"這一診斷開始普及,取代了更籠統的"神經症"一詞。當時,患有心理健康問題的二戰老兵被認為是患有"炮彈休克"或"戰爭神經症"。如今,我們一致認為他們可能患有創傷后應激障礙(PTSD)。

儘管很難對心理健康和福祉進行長期定性或定量分析,但我與許多同事一樣,認為自我們開始從事這一領域的工作以來,心理健康問題一直在增加。

造成這種情況的原因有很多。其中大部分(如果不是全部的話)包括我們這一代所經歷的快速環境和社會變化——這些變化超出了我們的適應或應對能力。社會環境的變化，無論是積極的還是消極的，通常都會帶來不確定感。人們需要用新的模式取代舊的，才能在日常生活中正常運轉。如果變化太多，或者變化接踵而至，我們就會很快失去對穩定感和控制感的把握。

回顧我過去三十多年的職業生涯，我可以提出幾個具體且合理的理由來解釋心理健康問題為何日益增多：

技術進步

我花了很長時間才適應了我們所處的這個數字時代。我屬於在類比世界中成長的一代，當我不得不適應數字環境時，我已經二十多歲了。我記得磁帶和錄音機，VHS磁帶，數位多功能光碟（DVD）以及隨後直接流媒體時代的到來。我經歷了從隨身聽到隨身碟再到蘋果音樂播放機（iPod）再到聲破天（Spotify）的轉變。我學會了適應數位世界，但需要一段時間才能適應使用網上銀行。我更喜歡收到實體帳單，寫一張紙質支票，或者付現金，然後看著別人在我的帳單上蓋章，表示已經"付款"。這些微小的變化在我們的社會中已經被接受，並被認為具有積極意義，因為它們提高了效率，使生活更加精簡。即使這樣，我仍然更喜歡走進商店，在那裡我可以看到，觸摸，感受和處理商品，而不是在網上購買。我無法僅憑餐廳的照片牆（Instagram）頁面判斷其是否提供美味的食物。對於這類決定，我完全依賴我的成年子女，他們能夠輕鬆應對數字時代。

數字時代的到來雖然帶來了諸多好處，但也帶來了當今人類文明所特有的心理健康問題。我見過許多因不當和過度使用互聯網而生活受到負面影響的患者。這個問題不僅限於兒童和青少年，在成年人中也普遍存在。雖然網路成癮尚未列入《精神障礙診斷和統計手冊》第五版（目前全球精神科醫生普遍使用的公認分類和診斷工具），但這些患者明顯表現出癡迷的癥狀。社交焦慮症患者尤其容易受到這種強迫症的困擾，因為網路為他們提供了另一種"現實"。但反過來，這又加劇了他們在現實世界中的社交焦慮。這種掙扎在神經多樣性患者中尤為明顯，例如自閉症譜系障礙和注意力缺陷多動障礙患者。沉浸在技術虛擬世界中導致的社會孤立和退縮，進一步加劇了神經多樣性患者的社會關係問題。

矛盾的是，社交媒體讓人們孤立，而不是聯繫。有意義的社交關係——

促進心理健康並預防心理問題——很少在網路空間中建立，而是在人與人之間共用的人際空間中建立。人類是關係型生物，在協作體驗和相互支援中生活才會更加豐富多彩。沒有什麼比分享笑聲更快樂了。當痛苦被分擔時，悲傷也會減輕。即使是陌生人的微笑，也足以激發您自己的靈感。相反，文字，表情符號甚至GIF動畫都無法讓我們清楚地了解發送者的當前體驗和情緒。人們經常在社交媒體上發佈自己生活的點滴，焦急地等待積極的回應——一個豎起的大拇指，一個擁抱的圖示，一個笑臉，一陣掌聲——當回應不如預期時，他們就會表現出真正的沮喪。如果沒有通過社交媒體發出的邀請，許多年輕人就會孤獨地度過週末。更糟糕的是，社交媒體是欺凌，排斥和嘲笑傳播的便捷途徑。我治療過的年輕人中，有太多人患有嚴重社交焦慮症和抑鬱症，以至於他們選擇自殘來應對痛苦。他們中的一些人甚至服用了過量的藥物，試圖消除難以忍受的恐懼和傷害。值得慶幸的是，我治療過的患者中沒有一人因此喪命。但我認為"網路欺凌"是一種新的危險現象，它給這一代人帶來了巨大的情緒困擾和精神健康問題。

值得慶幸的是，在我治療過的青少年中，大多數經過一段時間的心理輔導後，都重新開始享受線下生活。我的方法並不複雜。除了提供諮詢以解決他們的問題並處理個人問題外，我還會陪伴這些青少年，理解他們因孤立而產生的痛苦，肯定他們被接納的需求，並介紹他們參加有益身心且具有社會性的團體活動，例如當地教堂的青年團體或社區童子軍計劃。加入這樣的團體對人類來說至關重要，它能在精神，情感和社會層面滋養我們。被接納和被包容的好處怎麼強調都不為過。

全球化

全球化是最近發生的另一項社會變革，對許多家庭產生了特別的影響。我目前的工作地點位於澳大利亞悉尼一個相對富裕的地區。這個社區中的許多父母從事高端工作，需要全年出差到其他國家。他們所工作的公司不再局限於一個國家，而是現在，高管和經理們負責整個區域（例如亞太地區）的業務。這些高管每年有六個月的時間在海外度過，錯過下一代人生中的里程碑事件和關鍵時期，這並不罕見。因此，他們的子女很難與壓力重重的父母建立有意義的聯繫，這些年輕人往往最終會患上嚴重的心理健康問題。不幸的是，他們很容易獲得高可支配收入, 這使他們更容易使用非法藥物。作為這些年輕人的治療師, 往往需要扮演父母的角色, 提供有益的建議, 並幫助他們解決成長和人際交往問題。

從更廣泛的角度來看, 全球化催生了"地球村", 但卻沒有帶來實際聯繫的好處。許多人跨時區工作, 在家辦公的趨勢導致個人空間和工作空間之間的界限變得模糊。一個人可能在一天工作結束後退出網路, 但下班后又重新登錄, 與遠在地球另一端不同國家的客戶聯繫。另一個人可能屬於一個跨越州甚至國家的團隊。澳大利亞屬於亞太地區, 這意味著這裡的人可能會與來自中國, 日本, 東南亞和印度的同事一起工作。公司員工的廣泛分佈可能會使個人感到疏離和沮喪, 進而導致心理健康問題。即使是簡單的社交機會, 例如在早茶時閒聊或互相祝福週末愉快, 也有助於人們在工作環境中建立積極的人際關係, 促進心理健康。

我曾親自治療過一些焦慮症患者, 他們患上焦慮症的直接原因是在全球團隊中擔任孤獨的員工。其中一位患者是數位媒體架構師, 在悉尼為倫敦的公司工作。另一位患者也在當地工作, 但向歐洲母公司彙報工作。這兩位患者在與其他團隊成員隔離, 沒有任何人際聯繫的情況下工作時, 都出現了恐慌發作的傾向。他們還經常懷疑自己的工作表現。有趣的是, 在他們辭職后不久, 恐慌發作就停止了。這兩個案例凸顯了人類與他人建立有意義的實際聯繫的強烈需求。如果沒有這種聯繫, 我們可能會失去共同的人性。

在電影《荒島余生》中, 主角查克·諾蘭 (Chuck Noland) 在飛機失事後發現自己被困在一個荒島上。為了擺脫深深的孤獨感, 查克在排球上畫了一張臉, 並命名為"威爾遜"("Wilson")。隨著時間的推移, 查克與"威爾遜"之間形成了深厚的情感聯繫, 他拼命地尋找著沒有的陪伴, 但徒勞無功。也許, 這就是上帝為亞當創造夏娃, 為夏娃創造亞當的原因(創世紀2:18)。人類需要與他人建立親密關係。

全球化帶來了前所未有的認知水準和相互聯繫。但歸根結底, 我們被創造出來是為了在個人層面上相互瞭解。而全球化永遠無法滿足這種對親密關係和友情的基本需求。

氣候變化

我們生活在一個前所未有的不確定時代，這主要歸因於互聯網帶來的信息獲取和全球通信的雙重爆炸式增長。一個引起人們焦慮的熱門話題是氣候變化及其對地球造成影響的全球變暖。關於氣候變化是否存在以及全球變暖是否是使用化石燃料的結果，爭論不休。隨著可能的解決方案的討論繼續進行，爭議也層出不窮。作為普通民眾，我們很難應對海平面上升，海洋生物遭到破壞，天氣狀況難以預測以及我們自身在地球上的生存受到威脅等前景。

兒童和年輕人受這些全球性災難的影響更大，他們甚至認為生命即將滅絕。我曾治療過一些年僅七歲的患者，他們對此事感到焦慮和抑鬱。其中一位患者顯然很不開心，焦慮嚴重，並且不願與人交往。在我與他進行的第一次會談中，我請他告訴我他的三個最大願望是什麼——這是一種溫和的策略，它讓我能夠瞭解孩子的內心想法和潛意識。這個七歲男孩的第一個願望是"沒有氣候變化，這樣我的家人就能活下去"。結果發現，他一個朋友的父親是一名從事環境保護工作的環境科學家。在這個孩子焦慮和抑鬱之前，他的朋友已經向他介紹了我們許多成年人思考和辯論的話題——氣候變化。

事實上，我有很多兒童和青少年患者深受"氣候焦慮"的影響。潔西嘉（化名）是我的一個神經多樣性患者。我第一次見到潔西嘉時，她才六歲。當時，我診斷她患有自閉症譜系障礙。從那以後，她一直由我照顧，我很榮幸能看著她長大，並說明她在這個對自閉症患者來說常常令人不安的世界中前行。但在最近一次複診時，潔西嘉的母親告訴我，她十二歲的女兒近幾個月來變得越來越焦慮。除了焦慮加劇，潔西嘉還出現了強迫症，晚上多次檢查房門。如果不反覆檢查，她無法安然入睡。在複診期間，潔西嘉告訴我，她活不過二十四歲。她堅持認為，地球上的生命將在十二年後滅絕。當我問她為何會有這種新的信念時，她解釋說，她通過一些複雜的數學計算得出了這個結論。對於她的預測是否正確，潔西嘉的態度沒有任何改變，只有當我增加她的藥物劑量時，她的焦慮才有所緩解。幸運的是，焦慮的減輕減輕了她對環境問題的精神痛苦，並使她的大腦能夠學習新的策略來克服強迫行為。

氣候變化是一個必須討論的話題，值得稱讚的是我們這一代人正在努力保護我們星球，確保子孫後代的環境可持續性。然而，遺憾的是，圍繞氣候變化的大部分行動和宣傳都是基於內疚和恐懼,而這兩種情緒都是對我們的心理健康有害。此外,氣候變化的話題經常被政治化。在競選期間,政客們經常利用氣候變化宣言和承諾來劫持辯論,以贏得選票。這往往導致憤怒,恐懼和內疚在普通民眾中蔓延。推行某些政策過於嚴厲的政客們經常會讓特定人群感到被針對和被殘酷對待。例如,農民被迫承擔淨零排放的經濟成本,導致許多農場蒙受巨大損失並最終倒閉。難怪在氣候變化問題上,社區中會有如此多的憤怒,壓力和焦慮。

戰爭與戰爭傳言

許多人說人類文明建立在戰爭之上,我認為這種說法是正確的。在澳大利亞,選擇古代史或現代史作為科目的高中生,都會學習戰爭史。就古代史而言,這包括伯羅奔尼撒戰爭;就現代史而言,這包括第二次世界大戰,阿拉伯-以色列衝突,越南戰爭和美國南北戰爭。甚至作為猶太教和基督教信仰基礎的《聖經》在新舊約中也有許多戰爭故事。正如《聖經》中記載的那樣,上帝的子民曾與埃及,亞述,巴比倫,波斯,希臘和羅馬等大國發生過衝突。似乎只要有人的地方就有戰爭。

　　戰爭和戰爭畫面從來都是不愉快的,它們在我們的心理和精神上留下了不可磨滅的印記。八年前,我和家人去越南度假。在那裡,我們參觀了胡志明市的戰爭博物館和朱志隧道。面對越南戰爭的視覺畫面,加深了我對戰爭暴行的理解對越南人民的影響。我對越南人民堅韌不拔精神的敬意倍增,而我的新見解也說明我更好地理解了我們澳大利亞的越戰老兵。我之前曾治療過患有創傷后應激障礙的住院老兵,並從醫學教科書中研究了越戰及其破壞性影響。但我所獲得的知識並沒有真正對我產生切實的影響直到我親自訪問越南。直到那時,那場戰爭的恐怖才真正進入我的內心,我想知道如果我當時生活在越南,我的生活會有什麼不同。

　　過去,戰爭是發生在遙遠國度里的遙遠事件,當然,除非它發生在我們自己的國家。但科技將戰爭的殘酷現實帶入了我們的個人空間。在20世紀60年代和70年代,電視在大多數發達國家普及,讓我們可以在自己家中接觸到戰爭。隨著互聯網的普及,我們可以在任何地方接觸戰爭——甚至在我們手持蘋果手機(iPhone)或平板電腦的掌心。我們現在可以以光速接收新聞。幾乎可以立即得知世界某個角落發生的事情,故事和圖像會立即上傳到網上。戰爭現在充斥在我們的工作場所，家庭，公共場所和個人設備中，因為它在我們眼前即時上演。

即使只是輕微接觸戰爭，也會導致創傷后應激障礙。因此，通過數位媒體反覆接觸戰爭，即使沒有直接經歷戰爭的人也會受到間接創傷。一個例子是俄羅斯-烏克蘭戰爭，在撰寫本文時，戰爭仍在進行中。雖然這場戰爭主要局限於歐洲，但它迅速成為世界性的事件。全球政治家紛紛發表意見；各國被敦促支持或反對俄羅斯或烏克蘭；地緣政治專家也加入戰局。突然間，YouTube和其他社交媒體平臺被另類媒體渠道擠爆，吸引了各自的追隨者。第三次世界大戰的陰影籠罩在我們的集體心理中，核戰爭的話題越來越多，世界各地的其他局勢也變得更加動蕩。

在我寫這本書的時候，關於中國即將入侵臺灣的言論出現在媒體上。在澳大利亞，一些政客對中國崛起感到擔憂。一些人認為這是大國地緣政治平衡不可避免的轉變的一部分。許多人擔心自己和孩子的未來。他們覺得，通過改變我們的外交和國防政策，我們的政客將使對華戰爭變得更加不可避免。關於戰艦，潛艇和在中國南海進行的海軍演習只會加劇人們的焦慮和恐懼。

戰爭的殘酷現實常常讓人們感到恐懼和生存焦慮，基督徒也不例外。事實上，許多基督徒似乎特別容易受到戰爭爆發和戰爭傳言的影響。這也許是因為耶穌在《馬太福音》24:6中說過，他的到來和"時代的終結"之前會有這樣的事件發生。

> **你們也要聽見打仗和打仗的風聲，總不要驚慌；因為這些事是必須有的，只是末期還沒有到。**

由此我們可以得出結論，耶穌從未打算讓人們因戰爭而感到恐懼和焦慮。然而，我的看法是，基督徒往往缺乏耶穌所給予的安全感。在基督徒中，我們對戰爭和戰爭傳言有著不同的情緒反應。有些人對此類事件的發生感到無可奈何，覺得無能為力。另一些人則變得焦慮和恐懼，擔心自己能否在末日般的戰爭中倖存下來。還有一些人則提醒自己，無論何時，上帝都承諾會創造更美好的未來。

然而，耶穌從未希望戰爭和戰爭傳言讓我們感到絕望或恐懼。在《約翰福音》16:33中，他承認"在世上，我們會有麻煩"。但當我們進一步閱讀時，我們發現他的願望是讓我們擁有和平與希望。

我將這些事告訴你們，是要叫你們在我裡面有平安。在世上你們有苦難，但你們可以放心，我已經勝了世界。

希望幫助我們超越塵世，將痛苦和磨難視為暫時的經歷。這就是為什麼基督教精神非常重要。它讓我們能夠從另一個角度看待戰爭和戰爭傳言。當我們從基督那裡找到希望和安全時，我們就能更好地承受最痛苦的經歷。

新冠肺炎疫情

新冠肺炎疫情是影響我們這代人心理健康情況的另一個因素。近年來，有精神健康問題的人病情加重，而原本沒有精神健康問題的人也出現了新的問題。自全球疫情爆發以來，我們看到學生中焦慮，抑鬱，藥物濫用，自殘，自殺和翹課的發生率有所上升。年幼兒童的發展進程也出現了延遲。儘管世界已經學會了與病毒共存，但隨之而來的心理健康問題和影響仍在持續。

感染或疑似感染新冠病毒的人遭受了強烈的情緒困擾，包括高度焦慮和恐懼。重症監護室中插著呼吸管和呼吸機的病患圖片引發了人們內心的死亡恐懼。住院患者深感孤獨，害怕孤獨地死去。無法到醫院探望患者的親人也感到痛苦，常常被恐懼，內疚和憤怒所困擾。為了防止病毒傳播而採取的極端社會隔離措施導致焦慮和抑鬱等心理健康問題激增。許多人過度飲酒或使用其他物質來緩解情緒困擾。失業，對政府強制執行隔離措施的過度干預，疫苗爭議以及失去自主決定健康情況的權利，都引發了強烈的焦慮，憤怒和恐懼。持續的封鎖措施和社會限制導致壓力和抑鬱增加，尤其是年輕人和老年人等弱勢群體。

我的許多老年患者仍在從新冠疫情封鎖帶來的壓力和焦慮中恢復。一位在大流行之前，我稱她為"瑪麗"的這位女士生活得很好。她獨自一人生活，每天的生活安排得井井有條，包括健康的日常活動，有趣的郊遊和社交聚會。她每天早晨散步開始新的一天，然後吃一頓清淡的早餐，在當地咖啡館喝一杯咖啡。下午，她幫助當地教堂為其他語言使用者開設英語課程，與朋友聚會，或者購物和辦事。晚上，她會花時間讀書，與侄子和侄女通電話。但新冠疫情封鎖的直接後果是，瑪麗患上了嚴重的焦慮症和抑鬱症。隔離，恐懼和不確定性對她造成了太大的壓力, 儘管接受了積極的治療, 她還是沒能從這些心理健康問題中恢復過來。她壓力太大, 一段時間后, 她無法照顧自己, 更不用說教英語或看望朋友了。瑪麗後來被送進了一家老年護理機構, 不再像以前那樣充滿活力, 自信滿滿。

我有很多年輕患者被診斷患有自閉症和注意力缺陷多動症等神經多樣性障礙。還有一些患者尚未接受專業的心理健康診斷, 但大流行病過後, 他們有一個共同點: 他們很難全日制上學, 最終被診斷患有社交焦慮症。這些學生並不懈怠。他們也不懶惰。他們簡直太焦慮了, 以至於無法去上學。他們中的大多數人非常害怕"感染新冠病毒", 由於他們無法很好地適應在線學習, 也無法與老師和同學交流, 他們的學習成績開始落後, 許多人感到羞於"笨"。

新冠疫情對心理健康造成的長期影響尚未確定。據估計, 自疫情爆發以來, 壓力, 焦慮, 抑鬱和藥物濫用現象激增了25%。但我們也知道, 心理健康問題很難被發現, 這意味著實際數位可能遠不止於此。許多人因羞恥和絕望而默默忍受痛苦。通常, 那些因藥物濫用等其它問題而掩蓋了精神健康問題的人——他們試圖通過自我治療來緩解潛在的情緒困擾——因害怕被貼上癮君子的標籤而不敢尋求說明。與此同時, 他們往往患有焦慮和抑鬱等未被診斷的精神健康問題。雖然這場疫情可以說激發出人性中最好的一面, 但它也暴露了我們最深的脆弱性。幾乎所有人都感受到了新冠疫情帶來的心理影響這個時代的每個人, 其影響和後果可能會延續到後代。

解構

最後, 環境變化帶來的焦慮正在發生, 因為我們生活在一個解構的時代。這種哲學在20世紀通過法國哲學家雅克·德里達 (Jacques Derrida) 的作品出現。解構是一個很大的話題, 超出了本書的範圍和目的。據我所知, 解構主義的主要宗旨是強調主觀性, 挑戰語言和概念的固定含義。解構主義認為語言和概念是模糊的, 取決於解釋和語境。它挑戰善惡, 黑白等二元對立。它挑戰絕對觀念。解構主義對我們生活的各個領域產生了深遠影響, 包括教育, 社會結構, 歷史解讀, 宗教, 藝術, 文學和心理健康。

　　簡而言之，解構主義是一種分析和解讀的方法，用於探尋意義。意義對於人類的重要性怎麼強調都不為過。我們每個人一生中都會遇到這樣的時刻，特別是在青少年時期，我們會問自己兩個問題："我是如何來到這個世界的？"和"我為什麼在這裡？"思考這些問題會引導我們審視自己的成長經歷，文化，傳統，宗教信仰，價值觀和家庭實踐。隨著我們理解能力的提高，我們會保留那些我們認為對我們有意義的東西，捨棄那些不再適合我們的東西，並將新的觀點融入我們的個人信仰體系。在這個體系中，有許多我們認為絕對，永恆且不變的觀點，例如對上帝的信仰，某些道德準則以及我們如何處理人際關係。我們的個人信仰體系在有意或無意間影響著我們的生活。它就像指南針一樣，指引著我們的人生旅程，影響著我們的行為和方向。擁有堅定的信仰體系有助於我們堅定對生活和自我的認知，從而減少焦慮和恐懼。

　　然而，我們中的一些人無法很好地應對解構。當一層新的理解被揭示出來時，我們彷彿感覺腳下的地毯被抽走了。我們害怕進入這個未知的新領域，因為所有曾經熟悉的事物突然變得陌生和不確定。有些人甚至覺得解構先前的想法意味著他們從一開始就沒有真正理解這個實體。不管他們認為自己面對的是什麼，那終究不是真的。由此產生的不確定感和失控感可能會加劇焦慮問題。

　　作為人類，我們渴望一種連續感。我們需要與過去建立聯繫——事實上，只有通過昨天和前天發生的事情，我們才能知道自己今天在哪裡。我們的過去定位了我們，為我們正在經歷的生活提供了參照。如果沒有它，我們將陷入生存危機。短暫性全面性遺忘症（TGA）是一種醫學病症，患者會在數小時內喪失記憶，無法回憶起近期發生的事件。在短暫性全面性遺忘症發作期間，患者會因個人歷史和意義的連續性喪失而感到迷失，困惑和恐懼。當一個社會因蓄意解構而集體喪失記憶或連續性時，就會陷入危機，從而面臨更大的心理健康問題風險。

　　當我們開始認為一切都是相對的時，我們就失去了絕對的標準，從而陷入一種持續的不確定狀態。如果我們將解構主義應用於其他科學領域，宇宙的法則將會崩潰。例如，在物理科學領域，我們接受光速是絕對且不變的。有了這個參考點，宇宙對我們來說才有意義。如果我們解構牛頓定律，我們對宇宙的理解將會瓦解。然而，當涉及到人文科學時，我們卻不太願意接受絕對性。我們更傾向於相信人類經驗的一切都是相對的。人文科學中的解構主義帶來了更多的不穩定性，使我們失去了可以依靠的絕對標準，從而陷入一種持續的焦慮和不確定狀態。

～

所有這些現象——技術進步，全球化，氣候變化，戰爭與戰爭傳言，新冠疫情，解構主義——無論是直接還是間接，都在集體和個人層面對我們產生影響。它們在智力上，甚至更糟糕的是，在生存層面上，挑戰了我們的安全感。作為一個物種，我們感到力量減弱，對生活的不確定性增加，掌控感下降。難怪我們變得更加緊張，焦慮和抑鬱。

第3章

心理健康的多維度視角

世界衛生組織將心理健康定義為"一種健康狀態, 在這種狀態下, 每個人都能發揮自己的潛力, 應對正常的生活壓力, 高效地工作, 併為自己的社區做出貢獻[6]"。換言之, 心理健康是一種情緒, 心理和社會健康的狀態。它決定了我們的感受, 思維和行為。它影響著我們如何應對壓力, 如何發揮人生潛能以及如何處理與他人的關係。它還影響著我們的工作效率以及為所在社區做貢獻的能力。

但是, 當我們的心理健康受到損害時, 會發生什麼? 我們都會面臨壓力, 恐懼, 受傷和創傷等問題, 那麼, 什麼才是心理健康問題或障礙?

精神疾病是一種生物心理社會疾病

要理解精神健康疾病, 我們首先需要改變看待身體疾病的模式。身體和精神問題之間存在巨大差異。身體疾病可以通過掃描, 血液測試, 肺活量測定等方法進行測量, 而精神疾病則主要通過衡量一個人最佳運作的能力來測量。例如, 如果一位教授因抑鬱或焦慮而無法繼續從事學術工作, 只能兼職當輔導員, 那麼他雖然仍在自己的領域工作, 但已無法發揮最佳能力。或者, 假設一位母親按時送孩子上學, 然後回家躺了一整天, 直到下午才起床去學校接孩子。顯然, 這位母親儘管有能力照顧孩子, 也付出了辛勤勞動, 但她的表現並不理想。

現在讓我們假設這位母親已經去看醫生做健康檢查, 接受了血液

---

6 世界衛生組織。促進心理健康:概念, 新證據, 實踐(總結報告), 日內瓦:世界衛生組織; 2004年

檢查, 掃描和其他檢查。她的鐵含量正常, 甲狀腺健康, 沒有明顯的疾病。在這種情況下, 這位母親很有可能正在與心理健康問題作鬥爭。如果是身體疾病, 那麼通過掃描, 血液檢查或其他身體檢查通常可以顯示人體內發生的疾病過程。但是, 要瞭解心理健康問題, 我們需要一個不同的框架。大多數心理健康問題是通過患者日常功能的下降而不是明顯的疾病過程來識別的。雖然掃描或血液測試可能表明相關性, 但我們無法在這個階段確定因果關係。這就是為什麼醫學界使用"障礙"一詞來描述心理健康問題, 而不是"疾病"或"病"。

雖然某些身體疾病通常源於簡單的根本原因, 但心理健康問題幾乎總是由許多不同因素共同導致的。"但是——"您可能會問, "抑鬱症不是由大腦中缺乏血清素引起的嗎?"嚴格來說, 科學上是這樣, 這種說法並不完全正確——儘管大多數醫生在給患者開抗抑鬱藥時都會用這種簡單的方式解釋抑鬱症。我們知道抗抑鬱藥可以增加神經細胞中血清素的淨含量, 因此, 通過逆向推理, 我們假設抑鬱症是由於腦細胞中缺乏血清素引的。這就是抑鬱症的"胺假說"。但抑鬱症與血清素之間的關係比簡單的缺乏模型要複雜得多。換句話說, 心理健康問題並非簡單的因果關係。它們並非由單一病原體(如病毒, 細菌或真菌)或單一疾病過程(如動脈阻塞或動脈粥樣硬化)引起。相反, 心理健康問題是生物, 心理和社會因素的累積。

生物因素

在心理健康方面, 患者家庭的遺傳史對心理健康問題的形成和診斷以及治療選擇都有一定影響。如果家族成員患有焦慮症和抑鬱症, 那麼家庭成員罹患相同疾病的可能性就會增加, 儘管這種情況並非不可避免。精神科醫生將這種傾向性增加稱為遺傳負荷。例如, 一般人群患精神分裂症的風險為1%。但如果患者父母患有精神分裂症, 那麼患病風險將上升至10%。此外, 甲狀腺疾病或自身免疫性疾病等身體疾病也會增加個體罹患精神疾病的險。

心理因素

心理因素, 例如早期的成長經歷, 父母教養方式以及與重要他人(例如父母和其他長輩)的關係, 會影響我們日後的心理健康。如果兒童在與重要照顧者的關係中缺乏安全感，成年後更容易出現焦慮和抑鬱等心理健康問題。同樣，虐待，忽視，遺棄，暴力和剝削會在兒童心理上留下不可磨滅的印記，並導致受害者成年後更容易出現心理健康問題。研究還表明，早期創傷會影響兒童大腦的發育，引發過度警覺等反應，這些反應往往在創傷停止后很長時間內持續存在或再次觸發。

創傷長期存在的一個例子是，任何年齡的人在緊張的情況下都會做出戰鬥或逃跑的反應。人們可以直接（作為受害者）或間接（作為目擊者）經歷創傷。有時，即使與創傷事件相隔甚遠，也會遭受創傷。以"9·11"悲劇為例，2001年9月11日，恐怖分子劫持兩架飛機，撞向紐約市世界貿易中心的雙子塔。由於觀看了墜機視頻片段，以及電視上無休止的重播，許多觀眾患上了創傷后應激障礙。我甚至治療過一些因"9·11"事件而患上飛行恐懼症的兒童和成人。

心理因素影響著我們所有人。有些人有機會以健康的方式處理這些因素，但其他人可能無法獲得安全的環境或穩定的狀態來處理這些因素。因此，後者將在負面經歷發生很久後仍遭受其持續的心理影響，許多人需要專業幫助來處理創傷並增強心理彈性。

社會因素

人是社會性的動物。我們無法獨自生存。我們需要他人來表達真實的自我，幫助我們獲得生活的意義，我們需要與重要他人建立健康的關係，以實現並保持良好的心理健康。研究表明，由患有抑鬱症的母親撫養的嬰兒（這些母親面部表情減少，缺乏自發性，且在一定程度上迴避嬰兒）更容易患上抑鬱症。事實上，嬰兒在嬰兒期可能就開始模仿母親。在這種情況下，嬰兒長大後往往心理健康情況不佳，更容易焦慮和抑鬱。我們早期的生活經歷，特別是與照顧者的相處，是我們日後社會生活的縮影。有意義的社會關係能帶給我們歸屬感，支持和意義，增強我們的情緒韌性，即使在困難時期也是如此。另一方面，缺乏社會關係會讓我們更容易出現心理健康問題，因為我們發現自己被社區帶來的安全感，支持和意義所隔離。難怪焦慮症患者通常會對重要的照顧者產生焦慮的戀。

鑒於上述情況，精神科診斷只是瞭解患者的第一步。我們還需要更進一步，找出導致精神健康問題的生物，心理和社會因素。這種整體理解也有助於我們為每位患者定製管理劃。這一點非常重要，因為即使兩個患者的心理，生理和社會因素相同，但他們的生物，心理和社會因素卻不會相同。為了說明這一點，我想與大家分享我的一些例。

案例研究

羅伯特·史密斯[7]

羅伯特是一位55歲的基督徒，由他的全科醫生轉診給我。他飽受精神困擾，尤其是性方面的侵入性想法和圖像。他從未有過犯罪行為，但這些想法已經嚴重影響了羅伯特，儘管他是一位誠實且成功的高中教師，已有30年的教齡，但他現在對自己的職業失去了興趣。相反，他決定在當地的郊區開一家印刷廠。羅伯特覺得自己已經厭倦了教師職業，一直想當自己的老闆，經營一家企業。雖然他覺得經營一家簡單的印刷廠沒什麼問題，但他沒有足夠的啟動資金。於是羅伯特向他的兄弟借了錢，並承諾一旦生意成功，就還錢並分給他一部分股份。

不幸的是，羅伯特的生意並不順利。為了扭轉局面，他又向他的兄弟借了更多的錢。然而，額外的資金注入並沒有起到作用，生意繼續惡化。導致生意每況愈下的主要原因是羅伯特因精神壓力而無法集中注意力。儘管他希望辭去教師工作后這些困擾會消失，但他仍然不斷出現性幻想。此外，他感到生意沒有盈利的壓力，並對無法為哥哥的投資帶來積極回報而感到內疚。

在出現心理健康問題之前，羅伯特從未看過心理醫生或諮詢師。他的身體健康情況良好，婚姻幸福美滿。他的家人中沒有人患有心理健康問題，羅伯特本人也沒有因身體疾病或受傷而長期服藥。

我診斷羅伯特患有焦慮症，即強迫症。我確信，由於他身體健康，而且他的家人也沒有這種病史，因此生物學因素不會導致他的疾病。他與妻子關係融洽，朋友眾多，因此社會因素也不會導致他的疾病。但羅伯特從事的職業並非他真正喜歡的。對他來說，上班就是一件乏味的事情，這導致他後來出現倦怠和焦慮。

我最初採用藥物治療結合心理治療的方法來治療羅伯特。我給他開了大劑量的抗抑鬱藥物，這種藥物通常用於治療強迫症。由於他的焦慮

---

7 不是真名

症非常嚴重，我還給他開了抗精神病藥物。

我很快發現，羅伯特非常害怕自己在現實生活中做出腦海中出現的那些侵入性想法和畫面。這對他來說是最令人厭惡和羞恥的。因此，我為他提供了進一步的認知行為療法（CBT）——一種焦慮症和抑鬱症的已知有效治療方法。認知行為療法（CBT）的基礎是理解消極或非理性的思維模式會導致消極或非理性的情緒和行為。因此，要改變一個人的消極情緒和行為，必須首先改變消極或非理性的思維模式。在羅伯特的案例中，我的目標是讓他明白，想法不是現實，他完全可以控制自己的行為。我與羅伯特進行了多次輔導，說明他識別消極或非理性的思維模式，挑戰這些思維模式，並最終用更有建設性的思維模式取而代之。

由於羅伯特是一名基督徒，我還鼓勵他更多地參與教會的活動，比如花更多時間與那些他找到了深刻共鳴的人相處，並從他們那裡獲得情感支援。通過這種方式，我設法利用生物學（醫學），心理學（心理治療）和社會學（教會團體）手段來幫助羅伯特。

六個月後，羅伯特有了明顯的改善，但他的掙扎尚未完全得到控制。我們遇到了瓶頸，我感覺到他在心理健康方面還有更多的問題。我決定更深入地研究他的問題，並將在第5章中分享更多內容。

特雷莎·邱[8]

特雷莎是一位36歲的教師，有廣泛性焦慮症病史。她是一位虔誠的基督徒，經常去教堂，並與丈夫一起每周組織一次小型聚會。他們現在有一個八歲的女兒。但在女兒七歲后不久，特雷莎對刀產生了強迫性的恐懼。每當看到刀子，她就會產生刺傷他人的強迫性衝動。這種強迫性衝動伴隨著刺傷場景的侵入性想像。為了保護自己免受對刀子的恐懼和刺傷他人的衝動，特雷莎決定把家裡的刀子都鎖起來。她還把做飯的任務交給了丈夫。每當她需要做飯時，她只會使用預先切好的肉，例如肉末或肉丁，這樣她就不需要用刀了。特雷莎之所以來找我，是因為她覺得找基督徒心理醫生更放心。她還擔心非基督徒醫生會認為她瘋了。我診斷出她患有強迫症，並開始使用抗抑鬱藥物進行治療，這種藥物還具有抗強迫和抗強迫症的特性。我還開始對特雷莎進行認知行為治療，因為這是治療強迫症的首選黃金標準療法。

---

8 不是她的真名

　　特雷莎對藥物和認知行為療法的聯合治療反應良好。不久，她能夠忍受看到刀子的感覺，並且能夠以大大降低的焦慮來挑戰她腦海中出現的刺傷畫面。她能夠忍受恐懼，並認為這是不合理的，而不會屈服於把刀子鎖起來的慾望。她還能在準備食物和烹飪時使用刀子。然而，一段時間后，她的病情趨於穩定。隨著時間的推移，她對刀子的焦慮會再次出現，每當我想減少她的藥物劑量時，她的強迫症就會復發。

　　我決定回到起點，瞭解更多特雷莎的經歷——尤其是她的童年——並尋找強迫症的潛在根源。我瞭解到，由於父母婚姻關係動蕩，長期不和諧，她在一個充滿情緒的家庭中長大。家庭暴力屢見不鮮。她的父親酗酒，經常喝醉回家，對特雷莎的母親惡語相向。但特雷莎和她小兩歲的妹妹也未能倖免。特雷莎從小就學會了躲在自己的房間里，不與父親正面衝突。她也會確保妹妹遠離父親。

　　特雷莎多次希望父親死去。她甚至希望自己有個不同的父親。一天晚上，父親喝得酩酊大醉回到家。父母之間發生了爭吵，特雷莎照例帶著妹妹躲進臥室。從緊閉的門，兩個小女孩聽到喊叫聲，尖叫聲和撞擊聲。她們聽到了熟悉的物品被扔出的撞擊聲，然後突然一片寂靜。突然，特雷莎聽到母親喊道："你敢！你敢！"特雷莎打開臥室的門，從門縫裡窺視。她看到父親站在母親身邊，手裡拿著菜刀。他喘著粗氣。

　　特雷莎帶著妹妹衝出了臥室。他們的母親轉過身來，在父親發出威脅性話語時抓住了兩個孩子。事情發生得太快，特雷莎已經記不清父親威脅的具體內容了。但她記得母親抓住兩個孩子就往外跑。在他們身後，特雷莎的父親繼續大聲威脅。那天晚上，特雷莎，妹妹和母親最終來到了外祖父母家。他們在那裡住了幾個月，特雷莎記得她就是在祖父母的家中慶祝了八歲生日。他們再也沒有回到自己的家。

　　特雷莎記得自己並不想念自己的家，反而很感激祖父母家寧靜的氛圍。她不記得母親告訴她父親去世時自己幾歲了，但她沒有參加葬禮。直到她18歲時，母親才告訴她真相——父親在特雷莎只有8歲時自殺身亡。

　　瞭解了她的童年歷史，原生家庭的動態，她與父親之間困難的關係以及他死亡的背景，我對特雷莎的強迫症有了不同的理解——即她對用刀刺傷別人的恐懼。我認為她將憤怒和對父親的死亡願望內化並壓抑了。她最後一次記憶是父親揮舞著菜刀威脅母親，這給她造成了極大的創傷，並深深地烙印在她的潛意識中。父親隨後自殺，實現了她對父親的死亡願望。因此，菜刀成為她壓抑的痛苦與父親死亡之間的紐帶。特雷莎的創傷和相關的情緒大多埋藏在潛意識的深處，直到她自己的女兒八歲——與特雷莎童年悲劇的結局創傷。我現在知道，她對刀子的強迫症以及對刺傷他人的恐懼是她內心衝突的象徵。

我引導特雷莎接受心理治療，在一個安全的環境中探索她與父親的關係。我還為她提供了空間，讓她直面內心的痛苦，憤怒，失望，甚至內疚，因為她對父親的死亡願望在某種程度上導致了父親的死亡。我們圍繞她父親的問題進行了寬恕治療，特雷莎原諒了他帶給家庭的暴力，原諒了他奪走了她安全快樂的童年。最後，她也原諒了自己對他懷有的仇恨。

在解決了對已故父親的負面情緒后，特雷莎的強迫症有了更大的改善。對一個人的未了情可能超越一生，特雷莎就是這種情況。有趣的是，儘管有了這些重大的發現，而且之後也做了治療，但特雷莎仍然沒有完全擺脫強迫症。我覺得她的創傷還有更多我們沒有探索的地方，在得到她的允許后，特雷莎和我又一起踏上了探索她內心深處的旅程，這將在第5章中分享。

生物心理社會方法的局限性

羅伯特和特雷莎的故事清楚地說明瞭生物心理社會方法在精神病學中的運作方式。兩位患者都診斷為焦慮症，即強迫症。他們分別接受了藥物治療和認知行為心理治療。雖然他們患病的心理原因不同，但治療方法是相同的，而且至少在某種程度上是成功的。

瞭解這種疾病背後的心理原因是一回事，說明患者徹底解決由此產生的心理衝突則是另一回事。我按照標準（也是成功的）做法，實踐為羅伯特和特雷莎同時採用了生物，心理和社會療法。但還有另一個維度，在患者的生活中同樣重要，那就是靈性層面。在生物-心理-社會方法中，這個額外的元素經常被忽視，但它卻是心理健康與精神之間的重要交叉點。這是心靈與心理的交匯點。這意味著承認構成一個人的所有個體方面。這意味著將心靈引入創傷和治癒的故事中。也許這也意味著對精神病學採取一種新的，創造性的，更具包容性的方法。

第4章

精神病學與基督教靈性

人類是極其複雜的。約翰·傑弗里·薩克斯(John Geoffrey Saxe)的《盲人與象》最能體現理解人類這一物種的難度。六個盲人此前從未見過大象，他們試圖僅憑觸覺來辨別大象。一個人摸到了象鼻，說大象是一條粗大的蛇。另一個人摸到了身體，說它像牆，而第三個人摸到了尾巴，說它像繩子。第四個人摸到了耳朵，說大象一定像扇子，而第五和第六個人分別在摸到了象牙和腿決定它是矛和樹幹。每個人對大象的整體認知都是片面和不完整的。

就像《盲人摸象》一樣，心理學和精神病學——研究心理異常的學科——對人類心理和行為的理解也是有限的。幸運的是，我們並不是像六個盲人一樣完全盲目地在黑暗中摸索！雖然我們的實踐基於不完整的知識體系，但神經科學和人類行為的研究仍在不斷進行並不斷進步。可以理解的是，心理學和精神病學之間存在一些混淆。外行往往認為，如果你需要諮詢，就去諮詢心理學家；如果你需要藥物，就去看精神科醫生。有些人認為，看心理醫生說明問題不太嚴重，但看精神科醫生則意味著"我一定是瘋了"。事實遠非如此，這兩門學科之間有著明顯的區別。

心理學最好被理解為屬於社會科學的一門學科。它是對行為和心理過程的科學研究，旨在了解個人在不同情境下的思維，感受和行為方式。而精神病學是一門醫學專業，主要研究精神疾病和失調的診斷，治療和預防。作為醫學專家，精神科醫生採用生物心理社會方法來處理心理健

---

9 約翰·戈弗雷·薩克斯(John Godfrey Saxe)：《瞎子和象》(The Blind Men and the Elephant)，收錄於《約翰·戈弗雷·薩克斯詩集》(Poems of John Godfrey Saxe)，1873年。

康問題，包括必要時使用藥物，一系列心理治療或心理療法以及社會干預。

瞭解心理

據估計，全球有超過400種心理治療和心理療法。每一種心理療法流派都提出了自己的心理理論，旨在深入瞭解人的思維和行為。每一種療法還就心理問題是如何在人的生活中產生的做出了一定的解釋。因此，經過培訓的這些學校將為患者提供治療，消除他們所瞭解的根本原因，使患者擺脫困擾。例如，行為療法認為心理問題是由消極行為引起的。通過挑戰和糾正這些消極行為，問題就可以得到解決。然而，純粹的行為療法因其"黑箱"方法而經常受到批評； 它把人視為行為的總和，忽視或否認潛意識的存在。

當一個人尋求諮詢和心理治療時，治療師會根據他們自己的心智理論框架來理解問題的本質。治療師會找出問題出現在當事人生活中的原因，並根據他們自己的理解框架提供解決方案。例如，行為治療師認為一個人的問題很大程度上是由於他/她生活中不恰當的行為造成的。因此，他們會幫助當事人培養更積極的行為。另一方面，認知行為治療師更傾向於認為無益的思維方式是導致一個人產生問題的根本原因。這種治療師會說明患者識別無益的思維方式，對其進行挑戰，然後以更有益的思維方式取而代之。

一些常見的心理治療包括

心理動力學心理治療 (Psychodynamic Psychotherapy)認為焦慮是患者內心衝突未得到解決的結果。這種衝突的根源通常在於患者的過往經歷，例如一個人的成長階段，比如童年早期。成功解決這些內心衝突將消除焦慮。

認知行為療法(CBT)認為我們的想法先於並驅動我們的感受。一個人因為焦慮的想法而感到焦慮。通過發現焦慮的想法，挑戰它們，並用非焦慮的想法代替它們，一個人就可以擺脫焦慮。心理治療師通過做特定的"作業"，如寫日記，說明患者發現，挑戰非理性的想法，並用更理性的想法代替它們。

辯證行為療法(DBT)教導患者如何通過接納和容忍恐懼和焦慮等強烈情緒來應對這些情緒。此外，患者還將學習如何更好地調節情緒，改善人際溝通，增強自信和提升自我價值。辯證行為療法常用於治療各種心理健康問題。

　　接納與承諾療法(ACT)鼓勵患者接納焦慮的情緒和想法, 而不是視其為有害, 可怕和威脅。同時, 患者還應學會做出基於價值觀的人生決策, 並致力於做出改變, 從而擺脫心理健康問題。

～

無論何時, 當您向治療師尋求說明時, 請務必檢查該治療師的背景和培訓情況, 以便您對治療師處理您的問題的方式有一個大致的瞭解。此外, 在初次預約治療師時, 請務必確保您有信心將您的心理健康託付給該治療師。重要的是, 您必須對自己的心理健康負責。現實情況是, 雖然治療師不應該將自己的價值觀強加給患者, 但他們的世界觀不可避免地會對患者產生一定影響。提出*"你認為我有什麼問題? 我的治療方案是什麼?"*等問題, 有助於您判斷治療師是否適合您。

　　我認為自己是一位不拘一格的心理治療師。心理動力學理論強調早期生活和童年經歷, 它說明我理解患者為何會面臨他們所面臨的問題。它還揭示了患者尚未解決和意識不到的衝突。然而, 我也從認知行為療法, 辯證行為療法和接受承諾療法中汲取經驗, 幫助我的患者。

　　在我的實踐中, 只有在瞭解並理解了患者的問題之後, 我才會給出反饋並解釋我認為有用的管理方案。如果我認為有必要進行心理治療或心理療法, 我通常會讓患者嘗試三到五次治療。在此期間, 雙方有機會增進相互理解。患者可以判斷我的專業水準, 性格風格以及對待他們困境的態度是否積極且有助於康復。治療師與患者之間的性格契合程度, 與治療師的專業能力同等重要。在試用期結束時, 如果患者願意, 可以自由退出, 我不會試圖說服他們繼續治療。

為什麼基督徒很難尋求心理說明

多年來, 作為一名臨床醫生, 我觀察到, 比起非基督徒, 基督徒在尋求心理幫助時面臨更多困難。基督徒也更可能因心理健康問題而感到恥辱。我們相信耶穌來是為了賜予我們豐盛的生命(約翰福音10:10), 但患有心理健康問題的人無法過上聖經中描述的豐盛生活。因此, 當基督徒患有心理健康問題時, 他們自然會陷入自我譴責的狀態, 責備自己不夠虔誠, 祈禱不夠多或花在閱讀《聖經》上的時間不夠多。然而,一些基督徒將心理健康問題視為"來偷竊， 殺害和毀滅的賊"(約翰福音10:10)。他們以積極的態度和心態克服問題。

然而，許多基督徒不願尋求幫助，因為他們害怕被治療師誤解。他們擔心治療師不會同情他們的基督教信仰，並擔心自己會受到挑戰，被迫放棄基督教信仰。我理解這種擔憂。絕大多數(如果不是全部)心理治療流派都不涉及上帝的問題。事實上，對上帝的信仰似乎與許多心理學思想格格不入。一些治療師可能會容忍這種信仰。另一些人則認為這是依賴性問題，會阻礙一個人實現完全的自主和自我實現。對於許多認為基督教信仰是生命核心的基督徒來說，這種做法可能會導致存在危機。

一些基督徒認為心理健康問題只是屬靈問題的表現。在過去的二十多年裡，內在治癒的概念在基督徒中廣為流傳。為病人祈禱是基督徒的常見做法(雅各書5:14-15)，而患病信徒他們經常找牧師和教區領袖為他們祈禱。一些教堂和基督教組織還專門安排祈禱會為病人祈禱。在我看來，通過祈禱進行內心治療是一種療法。

治療是指積極治癒內心，靈性和心理，以及處理並最終消除相關的負面想法，情緒，痛苦和創傷記憶。內心治癒祈禱的目的是讓人擺脫怨恨，內疚，抑鬱，不安全和無用感等負面情緒的困擾。這通常是通過寬恕自己和他人，糾正錯誤信念以及有時驅除惡靈來實現的。

內在治癒的實踐者對內在治癒的各個方面有不同的側重。多年來，我一直在幫助遠東地區的教會處理教友的心理健康問題。我親眼目睹了內在治癒的實踐。擺脫惡靈是他們工作的一部分。然而，在西方教會中情況並非如此，儘管相信惡靈仍然很普遍，但人們不太接受擺脫惡靈。石像鬼仍然裝飾著大教堂和教堂，特別是在歐洲。東正教傳統的教堂甚至有專門的儀式來對付邪靈。

《馬太福音》16:23中記載了一個事件，彼得的思想顯然受到了邪惡的影響。故事開始時，耶穌告訴他的門徒他即將遭受苦難，被釘死在十字架上並復活。彼得聽到這些後很不高興，就把耶穌拉到一邊責備他。耶穌回應道："撒但，退我後邊去吧！你是絆我腳的，因為你不體貼神的意思，只體貼人的意思。"如果 邪靈真的存在，那麼我們可能也會受到它們的影響。

領悟靈性

作為一名基督教祈禱牧師和心理治療師，我也一直在研究心理健康和靈性健康的問題。雖然許多人認為這兩個主題相互對立，但事實上它們有許多共同點。心理健康會影響我們的行為方式，自然也會影響我們的人際關係和社區生產力。同樣，靈性層面——即與某種事物，某人或某種比我們自身更重要的目標建立聯繫——也會影響我們的行為方式。靈性層面包括尋找人生的意義或目標，從而產生積極的情緒，思想和行為，以及人際關係。將這兩個定義放在一起，仔細研究，不帶偏見地思考，就會發現心理和靈性層面之間有很多相似之處。

　　許多信奉靈性的人認為人類由物質和非物質兩部分組成。基督徒也有同樣的信念，但他們的基督教靈性根基於一位與人類有著深切個人關係，並關切其物質與屬靈事務的造物主上帝之信仰。例如，《聖經》舊約中的《利未記》包含了許多關於日常身體健康以及靈性儀式和實踐的教義和指導。因此，基督教的靈性具有關係性與個人性，遠比單純相信某種無形力量或影響更為深入且個人化。它也與《創世紀》中關於人類起源的描述相一致：

> *神就照著自己的形像造人，乃是照著他的形像造男造女。*
> ——*創世紀 1:27*

> *耶和華神用地上的塵土造人，將生氣吹在他鼻孔裡，他就成了有靈的活人，名叫亞當。*
> ——*創世紀 2:7*

　　上帝按照自己的形象創造了人類，賦予他們理性，情感，意志和靈性。*從塵土中，人類獲得了肉體。從上帝的呼吸中，人類獲得了靈性。*這與希伯來人的觀念一致，即人類既是塵世的，也是靈性的。這種關於人類由肉體和靈性組成的信念是被稱為二元人。因此，我們的整體包括我們的身體和靈性。這就是為什麼摩西在敦促我們用全部的愛去愛上帝時說："你要盡心，盡性，盡力愛耶和華你的神。"（申命記6:5）

　　希伯來人的概念是，人類由身體（即軀體）和非身體（即一個人的真正本質）組成，非身體又可稱為心，魂或靈。然而，希臘人的思維認為非身體由魂和靈組成。同樣，使徒保羅接受過希臘式教育，他認為人的非身體部分由魂和靈組成。他在《帖撒羅尼迦前書》5:23寫道：

> *願賜平安的神親自使你們全然成聖！又願你們的靈，魂與身體*
> *得蒙保守，在我主耶穌基督降臨的時候，完全無可指摘。*

因此，接受保羅教義的基督徒將人類視為由三個部分組成的生命體。希臘語中"靈性"一詞是 *pneuma*，但"魂"一詞源於希臘語詞根 *psyche*，我們從中衍生出"心理學"和"精神病學"這兩個詞。這兩個學科都與心理的研究和治療有關，而心理被定義為一個人的心理結構。它是我們的情感，思想和動機的中心。心理和靈性緊密相連，甚至交織在一起。希伯來書的作者寫道：

> *神的道是活潑的，是有功效的，比一切兩刃的劍更快，甚至魂與*
> *靈，骨節與骨髓，都能刺入，剖開，連心中的思念和主意都能辨明。*
> ——*希伯來書4:12*

靈性和心理似乎緊密相連，相互影響。這就是為什麼使徒保羅說：

> *除了在人裡頭的靈，誰知道人的事？像這樣，除了神的靈，也*
> *沒有人知道神的事。*
> ——*哥林多前書2:11*

在《羅馬書》第12章:1和2節中，他還把靈性和思維聯繫在一起：

> *所以弟兄們，我以神的慈悲勸你們，將身體獻上，當作活祭，是*
> *聖潔的，是神所喜悅的；你們如此事奉乃是理所當然的。不要*
> *效法這個世界，只要心意更新而變化，叫你們察驗何為神的善*
> *良，純全，可喜悅的旨意。*

我曾經有幸與一位基督教牧師同行，他向我尋求幫助，儘管他並沒有任何可診斷的精神健康問題。按照我的慣例，我在第一次會面時問他為什麼決定找我。他回答說："為了更新思維。"

我為他提供了心理治療，在這些治療中，他會提出生活中遇到的困擾。然後，我會說明他理解自己的動機，慾望，恐懼，情緒和想法。他每周都來接受我的治療，持續了兩年。他經常會在個人祈禱時想起我們治療中討論過的問題。治療結束后，這位牧師說他更瞭解自己和自己的動機,這反過來又改善了他的屬靈生活。我們思維更新對我們的屬靈生活有著重大影響。

心理健康與基督教靈性

幾年前,在一次基督教會議上,我認識了一位基督徒兄弟。交談中,他得知我是一名兒童,青少年和家庭精神科醫生。他很快指出《聖經》是世界上最棒的諮詢書籍,我只需要研究上帝的話語,就能成為一名優秀的心理醫生。他的信念代表了眾多基督徒的典型對基督教靈性,心理學和精神病學的對立觀點。在我心中,我與他意見相左。

我敬畏上帝的話語。我相信它是絕對可靠和無誤的。我也相信心理學和精神病學的學科與研究異常心理及其治療和康復有關。這些學科讓我們更深入地了解人類以及影響我們行為的因素,心理健康問題背後的原因,以及如何成功應對甚至徹底治癒這些問題。然而,這並不意味著我接受在這些領域學到的所有知識。儘管自西格蒙德·佛洛伊德 (Sigmund Freud) , 卡爾·榮格 (Carl Jung)和約翰·沃森 (John B. Watson)的時代以來, 神經科學取得了長足進步, 儘管如今的精神病學家和心理學家在治療中力求以證據為基礎, 但人類的心靈是無限複雜的。它完全屬於上帝的神秘領域。

此外, 我認為《聖經》本身並不聲稱是心理治療的教科書。它主要是一本描述和詳細闡述上帝與祂的子民(首先是猶太人, 然後是外邦人)關係的書集。《聖經》還詳細描述了人與人之間的關係。它有許多章節涉及複雜的人際關係。在《創世紀》中, 我們發現了家族世仇, 兄弟鬩牆, 家族陰謀, 嫉妒, 忠誠和愛情。《約伯記》記錄了作者本人與心理健康問題作鬥爭的經歷以及最後的勝利。《聖經》中的智慧書有很多保持心理健康的好建議, 而耶穌的"八福"教導既是通往天國的道路, 也是保持心理健康的好建議。我認為基督教靈性療法作為解決焦慮和恐懼等心理健康問題的方法, 尚未得到充分探索。

我的內心療癒之旅

幾年前, 我的妻子開始踏上內心的治癒之旅, 參加了悉尼一家治療中心舉辦的"擺脫恐懼"周末研討會。我非常不贊同她的選擇, 並堅持認為陪伴她, 確保她不會接觸到任何異端邪說。我記得當時坐在房間的一角，不停地做筆記，核對《聖經》經文，以防斷章取義。這是我開始對心靈療愈產生興趣的起點。接下來的三年裡，我參加了他們的結構化教學計劃。從那時起，我一直在禱告事工的接受和給予兩端工作，並有幸在將禱告事工擴展到馬來西亞和遠東地區的工作中發揮了不可或缺的作用。

儘管目睹了妻子在這個新領域的精彩表現，但我在內心治癒方面的個人旅程卻是在我開始將基督教靈性引入我的精神科實踐的同時才開始的。因此，有趣的是，那些允許探索其基督教信仰的患者往往比那些將基督教信仰與心理健康問題分開的患者表現更好。大約在同一時期，其他心理健康從業者也開始將靈性元素引入心理學和精神病學的學科中。但並非所有現在包含的靈性元素都與基督教信仰相容。

作為一名祈禱牧師，兒童，青少年和家庭精神科醫生，我有幸在患者生命的關鍵時期陪伴他們。我很高興能夠瞭解哪些實踐有助於他們的心理健康管理，哪些實踐則不然。在基督教患者出現心理健康問題時，我能夠幫助他們，這讓我真正體會到基督教靈性在他們的康復過程中所發揮的作用。我相信這種更開放的方法有助於我成為一名更有效的治療師。

第5章

基督教靈性的本質

當我開始兒童, 青少年和家庭精神病學的研究生學習時, 我必須完成50個小時的嬰兒觀察, 記錄嬰兒在環境中的行為以及與父母和家人的互動。強調嬰兒觀察是基於這樣的信念: 我們的成長史, 早期經歷以及我們與照顧者之間的互動方式都會影響我們未來的情感功能和人際關係。早期關係尤為重要。它們塑造了我們的情感和心理發展, 我們與照顧者之間的早期聯繫經驗最終有助於構建我們心中的最終藍圖。然後, 這個藍圖將指導並影響我們一生中如何處理和管理人際關係。我們中的大多數人都會有意或無意地遵循這一藍圖, 直到遇到情感問題, 經歷一段困難關係或出現心理健康問題。如果此時我們向精神科醫生或心理學家等心理健康專家尋求幫助, 他們可以幫助我們理解早期關係如何影響我們的一般關係心理發展。然後, 我們可以通過拋棄無益的信念, 強化更有益的信念甚至採納新的信念來改變我們最初的藍圖。改變不健康的內部關係模式, 讓我們能夠以不同於以往的方式生活, 而以往的生活模式可能被我們視為正常, 但實際上毫無益處, 也不真實。

對我來說, 基督教靈性也關乎關係。它不是指與未知的更高力量建立聯繫, 也不是指實現更高的原則。它指的是我們與宇宙的創造者, 生命和萬物的起源者之間獨特而個人的關係。這種關係既是物質的, 也是屬靈的。它不僅僅是一種超然的幸福狀態, 更是對日常塵世生活中神聖關係的認知。

基督教靈性是關於關係的

我們並非生活在沒有關係的真空裡。我記得五年級時讀過丹尼爾·笛福 (Daniel Defoe)的《魯濱遜漂流記》。魯濱遜獨自被困在一個荒島上，他必須學會自食其力和在陌生的環境中生存。有一天，他遇到了一位土著人，他稱他為星期五，他的生活也因此發生了改變。他終於找到了同伴。通過星期五，魯濱遜瞭解了島上土著居民的習俗和文化。儘管他們背景迥異，但魯濱遜和星期五之間卻有著真實而緊密的聯繫。作為一個小男孩，我認為與星期五的關係是魯濱遜人生的轉捩點。他不再僅僅是為了生存而活著，而是開始享受生活。

同樣，基督教靈性是關於與可認知，可愛的上帝直接溝通。我們可能對各種原則瞭若指掌，比如如何不恐懼，不焦慮地生活，但我們無法愛上一套生活原則，無論它們多麼真實。基督教靈性只有在我們對愛和被愛有深刻感受時才會出現，而這種感受來自與造物主的深厚而穩固的關係。在這個世界上，在我們的參照系和經驗範圍內，這種自我犧牲和"聖愛的愛"（"agape"）就像母親對孩子的愛一樣。母親對孩子的深愛讓愛在孩子的生活中得以真實體現，孩子只能以愛作為回報。

這就是做人的意義，因為我們生來就是愛和被愛的，由我們的天父賜予。這就是為什麼基督教靈性的核心是關係。它關乎建立作為上帝之子的關係（約翰福音1:12）。冥想，反思，禱告事工和閱讀上帝之言只是實現這一目的的手段。不幸的是，對於許多基督徒來說，冥想和反思已經失傳，因為我們如今的生活往往過於忙碌。這些做法被棄之不顧的另一個原因是人們錯誤地認為冥想，反思或形而上學活動是"新時代"或非基督教徒的，因此應該予以拒絕。

基督教靈性是發展性的

基督教信仰不僅宣揚上帝召喚我們成為祂的子女這一非凡理念，還指出上帝為我們每個人制定了計劃（羅馬書8:28和29，以弗所書2:8至10）。上帝為祂的子民制定個人計劃是《聖經》的核心主題，當我們考慮為人父母的問題時，這個想法並不陌生。那些長期戀愛並育有子女的人也許對此深有同感。我們知道，甚至在還沒有孩子之前，我們就與伴侶討論過要孩子的事。我們想像孩子的性別和性格，想像與這個孩子分享生活的樣子。然後，我們開始為孩子做計劃。從得知新生命孕育的那一刻起, 我們就會開始關注子宮裡的孩子。母親在懷孕期間會感覺到孩子的活動, 父母雙方也會通過觸摸, 交談或唱歌與孩子交流。然後, 在孩子出生後, 我們會撫養, 監督並引導他們發揮潛力, 過上自己獨特的的生活。

同樣, 上帝對我們每個人都有計劃, 祂為祂的孩子們制定計劃是他的榮幸。從這個角度來看, 基督教靈性顯然是發展性的。成為基督徒不僅僅是在今生之後上天堂的問題, 而是如何度過我們塵世生活的問題, 以便我們能夠利用上帝賦予我們的所有天賦和才能發揮我們的真正潛力, 同時發展和培養我們與天父的關係。

讓我們來研究一下亞伯拉罕的生平, 進一步說明這一點。亞伯拉罕是猶太教, 基督教和伊斯蘭教三大宗教的信仰之父。他的生平記錄在《創世紀》第11章至第25章中。這些章節記錄了亞伯拉罕聽從上帝的指引, 從祖國遷徙到異鄉(《創世紀》第11章第26至32節), 還記錄了他的去世(《創世紀》第25章)。亞伯拉罕離開出生地時已年屆七十五歲(創世紀12:4), 去世時已年屆一百七十五歲(創世紀25:7-8)。在這百年間, 上帝與亞伯拉罕"共度人生", 以一種非常世俗的方式塑造並發展他, 讓他接受上帝為他所計劃的安排。

上帝並沒有為亞伯拉罕提供一套指導或具體原則, 告訴他如何培養自己的信仰並按照上帝的計劃生活。相反, 他通過親身經歷和"看到"上帝之手在生活中的作用來學習。例如, 他兩次假裝他的妻子撒拉是他的妹妹, 因為他擔心自己會被法老(創世紀12)和亞比米勒(創世紀20)殺死。兩次, 上帝都出手相救, 挽救了他的性命, 並維護了他與妻子的關係。在亞伯拉罕的家庭糾紛中, 上帝也及時出手相助。起初在撒拉的鼓勵下, 亞伯拉罕娶了夏甲為第二任妻子, 但兩人相處並不融洽(創世紀21)。後來, 亞伯拉罕與上帝進行了深刻而富有意義的討論他對所多瑪和蛾摩拉的計劃(創世紀19)。在這些生活經歷中, 亞伯拉罕與上帝之間建立了真實而親密的聯繫, 亞伯拉罕也成長為能夠實現上帝對他的人生計劃的人。他甚至被稱為上帝的朋友(雅各書2:23)。

基督教靈性是充滿抱負的

我認為, 內心治癒的關鍵不僅僅是禱告事工, 認清錯誤, 寬恕他人, 或者在某些情況下擺脫邪靈的困擾。對我來說, 這些只是消除阻礙我們實現最終目標的道路上的障礙。它們只是達到目的的手段，而不是目的本身。我認為，這種三元法模式的弱點在於，它教導人們，這些治癒步驟是為了消除魂對我們生活的控制，讓靈性得以昇華。根據我的經驗，二元法模型更簡單，更易理解。打個園藝的比方，就像拔掉雜草，讓植物茁壯成長。但我們不會止步於除草，還要澆水施肥，繼續除草，直到植物開花結果。從屬靈層面來說，我們的目標是與上帝建立蓬勃發展的關係，邀請祂參與我們的喜怒哀樂，夢想與激情，淚水與歡欣。在我們所有的塵世經歷中，無論我們是否遭受心理健康問題，我們始終意識到祂與我們同在——我們的天父，與我們同在，與我們緊密相連，永遠可靠。

如果我可以用世俗的例子來闡明我的觀點，那麼請允許我分享我作為父母的孩子以及作為自己孩子的父母的經驗。小時候，我知道無論在任何情況下，家裡都會為我準備一頓飯，一張舒適的床，讓我安心地睡個好覺。我不擔心父母會向我收取房租，出租我的房間或將我的物品扔到前院的草坪上——我知道他們永遠會提供穩定和支援。作為父母，我也試圖在任何情況下陪伴我的孩子。我努力做到可靠，值得信賴和始終如一，就像上帝，我們的天父永遠陪伴我們一樣。

著名兒科醫生和心理分析學家唐納德·溫尼科特（Donald Winnicott）曾說："沒有所謂的嬰兒。"[10] 他的意思是，我們不能將嬰兒與其照顧者（通常是母親）分開。嬰兒與母親密不可分，如果失去母親，嬰兒將不復存在。本著同樣的信念，我想說："沒有所謂的基督徒。"我們不能脫離上帝來考慮基督徒。我們與上帝的關係是我們靈性和心理健康的基礎！以基督教靈性為核心的內在治癒是發現耶穌為我們所講的豐盛生命並成為我們被創造的目的的一部分。儘管我們掙扎，上帝看到了我們的潛力和能力，祂在我們內心工作，以完成祂為我們所定的計劃（腓立比書2:13）。祂的願望就是讓我們最終在榮耀中實現轉變（羅馬書8:28-30）。

我堅信，沒有靈性，我們就無法表達人性，因為真正的自我本質就在我們的靈性之中。這就是為什麼我認為，作為人類，我們就是靈性。我認為，心理健康治療中沒有靈性層面的生物心理社會療法是不完整的。關

---

10 溫尼科特（D. W. Winnicott），《成熟過程與有利環境：情感發展理論研究》。國際大學出版社，1965年

於心理健康的理論和各種心理療法流派説明我理解人際和個體內部的動態以及心理健康問題本身的原因。但對於許多患者,包括基督徒,他們缺乏靈性層面。

大多數心理健康問題都源於過去和現在的失敗關係,導致人們產生恐懼,焦慮,不安全感,被拒絕和被拋棄的深刻感受。基督教靈性為理解和説明那些遭受心理健康問題困擾的人提供了另一個維度。這些問題剝奪了許多基督徒實現人生真正潛力的機會,只有與作為人際關係創造者的天父合作,才能解決這些問題(以弗所書3:14和15)。

案例研究

請允許我回到第三章中與您分享的兩個案例。我們在那裡研究了導致他們心理健康問題的生物,心理和社會因素。現在讓我們關注靈性因素。

羅伯特·史密斯

羅伯特·史密斯是一位55歲的基督教徒,他的全科醫生向我轉診,希望我治療他的強迫症,這種強迫症的特徵是出現侵入性的性想法和性圖像。我採用生物心理社會療法治療羅伯特,包括使用藥物, 心理治療和社會支援。他的強迫症得到了很好的緩解,但並未完全治癒,我決定更深入地研究他的狀況。徵得他的同意后,我邀請他的妻子參加我與羅伯特的其中一次會談,以便從她那裡獲得確鑿的歷史資訊,這也是我的慣常做法。每當患者沒有取得預期的直接進展時,我會徵得同意,採訪重要的家庭成員,以便更全面地瞭解患者的掙扎。通過這種方式發現新資訊並不罕見,這些資訊以前被患者有意或無意地忽略了。

通過他妻子的第三人稱視角,我瞭解到,在從事了三十年的教學工作后,羅伯特感到精疲力竭,發現自己在教學工作中動力不足。他感到壓力重重,無聊至極,於是轉向互聯網色情內容尋求情感慰藉。不久,他開始出現侵入性的性幻想和畫面,這讓他感到羞恥和恐懼。

羅伯特試圖停止訪問色情網站,但沒能成功。他像許多對各種物質上癮的人一樣,經歷了禁慾和復吸的迴圈。侵入性的圖像和想法變得越來越強烈,他非常擔心自己會付諸行動,於是他辭去了教師工作。但羅伯特的羞恥感和內疚感並沒有減輕，他換工作也沒有減輕強迫症癥狀的嚴重程度。

當他在印刷行業的嘗試失敗后，羅伯特對自己浪費哥哥的錢感到更加內疚。他覺得自己罪孽深重，理應受到懲罰，於是他開始晚上躺在冰冷的混凝土地板上，以懲罰自己的錯誤行為。我提供的藥物治療結合心理治療和社會支持，確實幫助羅伯特認識到，他對強迫性想法和圖像的恐懼是不合理的。但遺憾的是，這對他與生俱來的內疚和羞恥感説明不大。

在對他的掙扎有了更深入的瞭解后，我在與羅伯特的治療中加入了恩典，希望和上帝之愛的靈性層面。我説明他理解，他的強迫症是情感慰藉需求得不到滿足的結果，他試圖通過互聯網色情內容來滿足這一需求。不幸的是，他試圖通過互聯網色情內容來滿足自己的需求，但最終卻適得其反。當羅伯特後來辭職並開始創業，卻以失敗告終時，這進一步加重了他的罪惡感和羞恥感。但現在，有了恩典，我幫助羅伯特認識到，他強迫性的自我懲罰行為（例如躺在冰冷的水泥地上）並不能解決任何問題，只會讓羞恥和罪惡感循環往複，毫無止境。

我沒有去研究羅伯特自虐背後的理性，而是引入了基督教靈性層面的寬恕。這引起了他的共鳴，我們探討了聖經中關於律法和寬恕的教導（羅馬書6-8章）。以前，羅伯特對律法與寬恕的問題只是從理智上理解。現在，他必須以一種改變人生的個人方式來接受它。這是理智洞察力與靈性洞察力的較量。理智洞察力豐富著我們的頭腦，而靈性洞察力改變著我們的思維。精神病學傳授的是理智洞察力，而靈性學傳授的是靈性洞察力。這就是為什麼我堅信靈性學是心理健康治療和康復的重要組成部分。

現在，羅伯特必須做出屬靈上的選擇——是接受律法主義還是寬恕？為了親身接受寬恕，他必須承認，自我譴責或自我懲罰並不能解決他的失敗。相反，他必須做出徹底的決定，實施真正的改變，才能將生活引向不同的方向。作為他的心理醫生，我不能為羅伯特做這件事。我可以引導他進入靈性層面，促進改變，但下一步要由他自己決定。因此，羅伯特在理解上有了重大轉變，他認識到，自己堅持接受羞恥和內疚是一種故意抹殺上帝恩典的行為。他決定請求上帝原諒他自以為是的驕傲，同時，他也原諒了自己沉迷網路色情和生意失敗。

羅伯特最終獲得了思維和靈性的自由。他完全從強迫症中恢復過來, 不再感到內疚和羞恥。有趣的是, 他甚至找到了足夠的動力, 重新開始兼職教學, 從舊職業中找到了新的樂趣。直到今天, 他的心理健康情況仍然很好。

特雷莎·邱

特雷莎是一位36歲的基督徒女士, 她因強迫症而向我求助, 強迫症的癥狀是出現一些令人不安的圖像, 併產生用刀刺傷他人的想法。特雷莎的強迫症與她童年時遭受父親家庭暴力侵害的經歷有關。在她八歲時, 父親用刀威脅母親, 這一重大事件進一步加深了她的心理創傷。那是特雷莎最後一次見到父親。她的母親帶著兩個女兒逃到了祖父母家, 但特雷莎多年後才得知, 父親在她們逃離后不久就自殺了。她感到非常內疚。她常常希望父親死去, 她無法擺脫這種想法, 即她對父親的死亡願望導致了父親的死亡。藥物治療和心理治療, 包括探索她與已故父親的關係以及原諒自己希望父親死亡的想法, 並沒有使她完全康復。

我再次深入研究, 將靈性層面納入特雷莎的治療。許多與世俗父親關係緊張的基督徒與天父之間可能存在疏離的靈性聯繫。有些人甚至對上帝缺乏信任, 我很快就發現特雷莎確實很難與上帝親近。她經常懷疑上帝是否會信守諾言, 她覺得有些祈禱得到回應只是巧合。

特雷莎和我一起探討了她的基督教信仰和基礎。我們引用了《聖經》中關於上帝信實的經文, 例如《耶利米哀歌》第3章第22-23節, 這些經文說明她為接下來的靈性練習做好準備。在練習中, 我讓她回憶起過去曾希望父親死去的那次創傷性事件。然後, 我讓她邀請永恆的上帝進入這段經歷。我讓特雷莎在這個記憶中與上帝互動, 她發現自己在這種經歷中獲得了極大的平靜。她感覺到上帝理解她真正的恐懼, 因此不會因為她對父親的死亡願望而責怪她。

那次治療讓特雷莎走上了康復的新軌道。她開始從生活中的小事和大事中看到上帝的信實。有一天, 她對自己完全有信心, 認為強迫症不再左右她的生活, 於是要求停藥。在我寫下她的故事時, 她再也沒有復發過。

我與特雷莎的治療歷程表明瞭治療空間的重要性——治療期間治療師和患者所處的環境以及雙方的關係。治療空間是一個安全且保密的地方, 我們可以在其中討論自己的感受, 想法和問題, 而不必擔心受到評判。它不是一個物理空間，而是一種關係。當我進一步將靈性層面應用到治療中時，我更喜歡使用我自己的術語靈性空間。對於基督徒來說，治療空間是一個三人空間，即我的病人，我自己和上帝。除了在期待上帝的工作時讓我的靈進入一種寧靜的狀態外，我什麼也不做來創造這個空間。我的行為更像是一個觀察者和促進者，主要關注的是將靈性空間中發生的一切重新引導回我的病人與上帝之間的關係。我經常引用聖經中的話語或例子，例如在特雷莎的案例中，我提醒她注意上帝對孤兒和恐懼者懷有特殊的心。

我相信，無論我們是否意識到，我們的靈性信仰都會對我們的心理和精神生活產生重大影響。我親眼目睹了在生物心理社會療法中加入靈性層面是如何幫助我們更好地理解心理健康問題以及治癒過程的。正如羅伯特和特雷莎都發現的那樣，它將以一種深刻的方式改變我們。

第6章

焦慮:靈性-生物-心理-
社會角度解析

恐懼和焦慮是兩種常見的心理健康問題,它們具有某些共同特徵。這兩種情緒都與腎上腺素分泌增加有關,而腎上腺素會導致身體產生眾所周知的戰鬥或逃跑反應。然而,恐懼通常是對實際威脅或危險的一種強烈而直接的情緒反應。因此,身體會自然地增加腎上腺素的分泌,以對抗或逃離危險或威脅。恐懼的人會心跳加速,出汗,肌肉緊張,呼吸加快,並處於高度警覺狀態。恐懼的情緒和生理反應是短暫且有限的,一旦威脅或危險解除,人就會恢復平靜。另一方面,焦慮通常與普遍的情緒困擾有關,儘管威脅或危險的因素往往並不存在。焦慮的誘因不像恐懼那麼具體,它可能與多種壓力源有關。焦慮往往持續時間更長,甚至可能成為慢性病。焦慮症患者通常會出現睡眠障礙,肌肉緊張,坐立不安,無法放鬆以及注意力不集中等癥狀。

焦慮障礙的種類

研究表明,在任何時候,20-25%的人口患有可診斷的焦慮問題。焦慮障礙有很多不同的類型,但我在實踐中看到的最常見的六種是:

恐懼症:對某物或某種情況產生非理性的過度恐懼。常見的恐懼症包括恐高症,廣場恐懼症(對人群密集的公共場所感到恐懼),幽閉恐懼症(對封閉空間感到恐懼),孤獨恐懼症,社交恐懼症,疾病恐懼症,動物恐懼症,昆蟲恐懼症等。

廣泛性焦慮症：與日常活動相關的過度擔憂或焦慮，與實際情況或環境不相稱。

分離焦慮症：無法與重要他人分離和個體化。這種情況通常發生在那些對重要他人缺乏安全感且焦慮不安的人身上。這種疾病可能表現為兒童和青少年拒絕上學。

強迫症：侵入性思維，衝動或圖像，產生恐懼，擔憂或痛苦和不安的感覺，通常導致患者重複，刻板的行為，以減輕痛苦和焦慮的感覺。常見的強迫症包括對污垢，疾病，毀滅，衰敗和死亡的恐懼，常見的儀式行為包括強迫性清潔，計數和檢查。

恐慌症：突發，自發的反覆恐慌發作。患者會害怕未來再次發作，並會盡量避免與過去恐慌發作相關的情境或地點。

社交焦慮症：對參加社交場合或活動過度焦慮或恐懼。患者擔心自己的行為舉止會引起他人的負面反饋或批評。通常，患者會選擇完全迴避社交場合或活動，無論其重要性如何。當社交場合或活動不那麼熟悉時，社交焦慮的程度可能會更加明顯。

存在焦慮：生活充滿恐懼和不安。大多數時候，患者還會感到壓力。這些人通常被診斷為廣泛性焦慮症。這種是因為在存在焦慮中不存在特定的擔憂，因為生活本身就是焦慮的來源。

那些在早期經歷依戀問題和創傷的人，如果感到自己不屬於這個世界，就特別容易患上存在焦慮症。最近，由於新冠疫情，全球變暖，戰爭和戰爭傳言，我們看到了存在焦慮症的上升，特別是在老年人和年輕人中。很多人都有存在焦慮症，但迄今為止，它尚未被納入標準的國際疾病分類[11]或精神障礙診斷與統計手冊[12]。

遺傳學的作用

如前所述，焦慮的人總是會感到不確定和不安全。焦慮具有遺傳性，因為焦慮可能在一個家庭中代代相傳，焦慮的成年人往往在早年生活中有過不安全感或焦慮的依戀經歷。這會導致高度警覺，使他們對感知到的或真實的拒絕變得敏感，從而容易患上社交焦慮症。經歷過童年創傷的人通常會變得高度警惕和警覺，總是坐立不安。他們很難

---

11 在撰寫本文時，《國際疾病分類》為第10版 (ICD 10)
12 在撰寫本文時，該出版物已發行至第5版(DSM 5)

放鬆和冷靜下來，並容易患上一種或多種焦慮症，如廣泛性焦慮症和社會焦慮症。有被拒絕和拋棄經歷的兒童也更容易出現焦慮問題。被拒絕和拋棄會深深傷害一個人的心理和精神，使其心理承受力和韌性下降，在面對壓力時更容易陷入焦慮。

案例研究

我想分享一個特殊病人的案例，我姑且稱他為詹姆斯·耶曼斯[13]。

詹姆斯·耶曼斯（強迫症）

詹姆斯是一位35歲的商業主管，工作非常成功。他在同行中很有名，是一名虔誠的基督徒，積極參與當地教堂的活動。詹姆斯因為工作表現不佳而焦慮不安，儘管他取得了相對的成功，但還是向我求助。為了消除內心的疑慮，他養成了強迫症，總是反覆檢查自己的工作是否有錯誤。我診斷出他患有強迫症，並建議通過藥物治療和心理諮詢來治療詹姆斯。

詹姆斯告訴我，他強迫症是在父親突然心臟病發作去世后不久開始的。詹姆斯因父親的突然離世而感到壓力重重，心情沮喪，無法集中精力工作。有一天，他犯了一個嚴重的財務錯誤，如果不是及時發現錯誤，公司可能會遭受難以估量的損失。他及時糾正了錯誤，但自此之後，他一直擔心自己會因為檢查時間不夠而犯下另一個錯誤。

除了這次事件，詹姆斯仍然認為自己是一個做事一絲不苟的人，他經常檢查任務，以免犯錯。這種一絲不苟的性格是"遺傳"自他的父親，父親曾告訴他，犯錯可能會付出慘重的代價。詹姆斯記得父親是一個非常有條理的人，他為各種任務制定了特定的系統。小時候，父親不僅教他如何做事，還告訴他不能偏離這些方法。詹姆斯必須以特定的方式將餐具堆放在洗碗機中，以充分利用空間。工具必須放回工具棚的正確位置，否則父親會不高興。書包必須在前一天晚上準備好，第二天早上起床后檢查。有一次，詹姆斯不小心把午餐盒落在學校了。父親拒絕為他準備一周的午餐，以此告誡他要更加小心。

詹姆斯形容他的父親是一個嚴厲而疏遠的人。"我努力與他親近，"他告訴我，但他不記得與父親有過多少快樂的時光。他的母親是一個熱情

---

13 並非其真實姓名

的人，彌補了父親的嚴厲，但對詹姆斯來說，生活就是父親一系列嚴格的教練課程。儘管如此，詹姆斯還是欽佩父親勤奮工作，職業道德高尚。高中畢業后，詹姆斯不知道該讀什麼大學專業。父親建議他讀商科，因為就業有保障，但詹姆斯認為也許他應該追隨父親的腳步，成為一名銀行家。

根據他的歷史，我認為詹姆斯一直是個焦慮且強迫症傾向嚴重的人。他還對父親有著過分的依戀，甚至將他理想化，以至於他把自己的生活模式化，以取悅父親。詹姆斯沒有機會發展父子關係，他與父親的脆弱聯繫因父親的突然去世而過早地終止。我以為詹姆斯會有許多情緒，包括悲傷，失望和憤怒。然而，他把負面情緒從意識中排除了，而是通過強迫症來表達。

通過輔導，我引導詹姆斯探索了他與父親的關係——從詹姆斯的童年到父親去世。起初，詹姆斯說他父親非常愛他，儘管他對兩人共度的有意義時光記憶有限。但隨著他對我越來越信任，詹姆斯開始更坦率地表達失望。他覺得父親自私且不體貼。當他允許自己自由談論父親時，他的悲傷很快轉變為憤怒，然後是對父親的憤怒。他痛苦地哀歎父親對他缺乏愛和同情。詹姆斯對他費盡心機卻無法贏得父親的心感到憤恨。

在安全的治療論壇中，詹姆斯意識到自己一生都存在焦慮問題。他一直用完美主義來應對焦慮，並以此贏得父親的關愛。現在他明白，自己越追求完美，焦慮感就越強烈，因為總是達不到目標。詹姆斯還他開始意識到，作為一名基督徒，他對待與上帝的關係的方式與對待與父親的關係的方式如出一轍。他認為上帝是一位嚴厲的監工，他永遠達不到上帝的標準。詹姆斯在內心深處對上帝的恩典知之甚少。

詹姆斯的喪親之痛讓他陷入了危機，他對自己關於上帝和自己的屬靈兒子的基督教信仰產生了懷疑。他意識到自己的屬靈生活充滿了對上帝的渴望，同時他也相信自己永遠無法贏得上帝的愛。當他最終允許自己完全接受上帝的恩典時，詹姆斯終於能夠放下悲傷，憤怒和痛苦。他還能放下內心深處的理想化父親形象，並發現了自己作為上帝之子的新身份。詹姆斯獲得了新生的自由，從此生活不再那麼刻板。他的強迫症不再困擾他，他甚至不再服藥。在我這裏繼續接受了一年的心理治療后，他終於不須要接受我的門診治療。他已結束我的門診治療。直到今天，詹姆斯仍然相信上帝對他的恩賜和愛，而不認為他必努力贏得上帝的愛。

焦慮症和家庭外（寄養）護理

幾年前，上帝讓我萌生了一個想法，那就是將我的預約簿開放給需要家庭外（寄養）護理的年輕人。這些年輕人不與親生父母同住，被視為國家的監護物件（儘管現在已不再使用這種說法），由衛生部長代表國家進行監護。與許多兒童，青少年和家庭心理醫生一樣，我過去也盡量避免接診這類病例，因為這類病人很難治療。這些兒童和青少年通常存在多種心理健康問題，尤其是焦慮症。他們往往還患有各種神經發育障礙，如注意力缺陷多動障礙和學習障礙。然而，我感到最沮喪的是寄養系統缺乏持久性。

當我作為治療師接觸這群年輕人時，我瞭解到他們常常缺乏歸屬感，這進一步加劇了他們對自身的不安全感和對未來的不確定性。這種不歸屬感是一種無法通過藥物，放鬆和引導性想像克服的生存問題。內心的不安埋藏在人的內心深處，生活變成了一種伴隨著不真實感的永久焦慮狀態。他們常常會自殘，通過疼痛和鮮血來確認自己內心仍有活力。他們還反映，藥物會使他們的思想和情緒麻木，進一步加深了他們對內心空虛和虛無的認知——這是無法忍受的。

案例研究

我有幸擔任了艾米麗和丹妮爾[14]兩位姐妹的兒童和青少年精神科醫生。她們目前被同一個家庭收養，已經在一起生活了四年左右。當收養計劃將她們納入這個家庭時，艾米麗十三歲，丹妮爾八歲。她們的養父母是一對年長的夫婦，他們的成年子女已經離家，他們有心幫助弱勢年輕人。在這對養父母之前，艾米麗和丹妮爾曾與另一對夫婦生活了兩年。然而，當發現這對夫婦對艾米麗和丹妮爾不好時，她們的安置就失敗了。這對姐妹經常被送到房間里，不給飯吃，作為對輕微不當行為或所謂不良行為的"懲罰"。還有人指控這對夫婦對女孩進行身體虐待。

在進入這個家庭之前，艾米麗和丹妮爾就已經經歷了貧困的童年，飽嘗情感虐待和身體忽視。她們的親生父母有吸毒，酗酒和犯罪的前科，他們的家裡經常有向父母購買毒品的人出沒。女孩的父親因吸毒，販賣毒品，盜竊和攻擊而多次入獄。更糟糕的是，他們的母親因虐待兒童而入獄，

---

14 不是他們的真名

因為她的行為導致他們年幼的妹妹死亡。據稱，他們的母親以行為不端為由將兩歲的孩子扔到牆上。艾米莉和丹妮爾都是事件的目擊者。當時，她們分別只有9歲和4歲。在母親入獄后，她們很快被安置在寄養家庭。

丹妮爾·亞當（極度焦慮症和多動症）

先說說丹妮爾，她八歲時被轉介給我。我第一次見到丹妮爾時，她極度焦慮，膽小，坐立不安，與人交流的能力有限。她在學校表現不佳，與同學關係不佳，由於缺乏主動性，需要老師不斷指導。在養父母家裡，丹妮爾是個模範孩子。她的養母觀察到，小女孩總是渴望取悅他人，似乎害怕犯錯。後來，我發現當丹妮爾被之前的養父母"管教"時，她常常不知道自己做錯了什麼。她經常被關進房間，不準吃飯，或者被關在室內，不準到外面玩。

我開始用藥物治療丹妮爾的極度焦慮。我還診斷出她患有注意力缺陷多動症，並給她服用精神興奮藥物。由於她相對缺乏語言表達能力，我為她提供了遊戲療法。她為我畫的第一個畫是她自己，她把她的身影放在頁面的下角，背景是黑色的斑點。下一幅畫是她的家人。丹妮爾畫了自己和姐姐艾米麗（比丹妮爾大得多），以及一個蜷縮在右上角的小嬰兒。我解讀她的畫時，認為畫中描繪了她微不足道的自我，沒有父母的身影以及天堂裡死去的小妹妹。後來，我發現之前的養父母經常把丹妮爾關在壁櫥裡。這解釋了她第一幅畫中的黑色斑點。

通過定期治療和新的撫育環境，丹妮爾慢慢好轉。遊戲療法逐漸被談話療法取代，在我說明她探索內心世界的過程中，她開始更多地談論自己。很快，丹妮爾開始談論自己的願望，慾望和希望。她開始在學校交朋友，並參加課外活動，如她真正喜歡的藝術和舞蹈。她也開始將自己視為寄養家庭中不可或缺的一員，她希望儘可能長時間地與寄養家庭在一起，即使她年滿18歲之後也是如此。

丹妮爾在學校里的成績持續提高。我第一次見到她時，她還在三年級，學習很吃力，但到了六年級，她的大部分成績都達到了平均水準。她嘗試競選學校隊長，雖然最終落選，但她成功當選了宿舍隊長。丹妮爾開始對高中生活充滿期待，我對此表示理解。她真心喜歡上學，並敢於向我表達成為一名教師的願望。她還談到想加入教堂的青年團，因為她最終跟隨養母去教堂，並發現那裡是一個安全而溫馨的地方。

　　丹妮爾升入高中后，基本上沒有遇到什麼麻煩。從那以後，我雖然見她的次數少了，但仍然經常見到她。她仍然需要服藥，因為她時不時會感到壓力。她的養母告訴我，在正確行事方面，丹妮爾對自己要求非常嚴格。如果她認為自己做錯了什麼，就會很容易感到內疚，但她在與養父母的關係中感覺更加安全。她以一種真實而具體的方式自由地談論她的基督教信仰，並且不斷進步。我對丹妮爾的預後和持續生活充滿信心。

艾米麗·亞當（焦慮症，多動症）

艾米麗是丹妮爾的姐姐，在我接受轉診時已經13歲了。她是一名7年級的青少年，她在我的診所的表現與她妹妹截然不同。丹妮爾是一個嚴重焦慮的年輕女孩，但是艾米麗是一個很充滿怒氣的青少年。她不願意見我，也不願意與我交流。她認為向另一個醫生重複她的故事是在浪費她的寶貴時間，並且對我是否有能力真正説明她表示懷疑。但隱藏在她憤怒的外表下，艾米麗的內心焦慮是顯而易見的。儘管她現在有一個充滿愛的寄養家庭，但她仍然對之前的寄養經歷感到焦慮，擔心未來自己可能再次被拋棄。

　　我首先給她開了抗焦慮藥。她的兒科醫生還診斷出她患有注意力缺陷多動症，目前一直在服用精神刺激藥物，我決定繼續給她開這種藥。由於焦慮症和注意力缺陷多動障礙，艾米麗總是坐立不安，心不在焉。她在學校不與老師交流，成績排在年級後25%。由於她性格防禦性強且好鬥，同學都害怕她，因此她的同伴關係也很糟糕。她沒有加入任何特定的同伴團體，而是漫無目的地從一個團體遊蕩到另一個團體。

　　艾米麗同樣很難接受輔導。我努力與她建立融洽的關係，但經過一年的定期輔導，我才最終與她取得了溝通。最初，我們的輔導時間很短。但一年後，艾米麗終於能夠全程待在我的房間里。儘管如此，艾米麗仍然缺乏反思的能力。她傾向於將責任推卸給他人，即使經過多年治療，她測試現實的能力仍然很差。

　　艾米麗的生活充滿了人際危機。在學校，她經常與老師發生爭執，不完成課堂作業，翹課，無故曠課。在家裡，她總是與父母唱反調，愛頂嘴。她很難融入家庭，甚至曾無故離家出走。艾米麗經常表示她不想留在寄養家庭——但幾天不見后她總是會回來。兩年前，艾米麗開始自殘。她還抓撓自己的皮膚。有一次和我談話時，她告訴我，自殘帶來的痛苦讓她感到自己還活著。否則，她覺得自己內心一無所有。

艾米麗告訴我，她想成為一個堅強的人，這樣別人就不會欺負她了。與她的妹妹丹妮爾不同，她沒時間信奉上帝。她傾向於獨來獨往，經常不參加家庭活動，包括家庭度假。她似乎缺乏同理心，多次濫用養母的信用卡在網上購物。雖然她口頭上表示了悔意，但行為上沒有任何改變。艾米麗也無法建立長期關係，因為她認為人們通常不可信。她焦慮的程度比我第一次見到她時略有減輕，但仍然沒有生活目標。她的內心深處仍然存在空虛和空洞。

艾米麗和丹妮爾都沒有和我公開討論過她們早期的創傷。但丹妮爾似乎對新寄養家庭提供的安全關係反應良好。她設法克服了早期的一些創傷，拒絕，遺棄和忽視。她還找到了與上帝建立有意義的關係。不幸的是，艾米麗未能像丹妮爾那樣找到治癒。毫無疑問，她遭受創傷的時間比她小四歲的妹妹長得多。我也在想，艾米麗是否還遭受過其他創傷，她有意識地或無意識地壓抑了這些創傷。我相信，在內心深處，艾米麗害怕改變。改變可能是痛苦而艱難的。它會帶來未知的後果，這對創傷倖存者來說是一種自動的威懾。對許多人來說，繼續痛苦更簡單。矛盾的是，正是對改變的恐懼阻礙了我們走向更美好的未來。

第7章

恐懼：靈性-生物-心理-社會角度解析

恐懼是人類非常普遍的一種體驗。在我們人生的某個階段，每個人都會經歷某種恐懼。恐懼是一種由對威脅或危險的預期引發的情緒，是確保我們應對威脅，確保生存的必要反應。大多數恐懼都是先前創傷的結果。例如，一個人在被狗咬傷後可能會對狗產生恐懼。另一個人患有廣場恐懼症——害怕身處無法輕易逃離或獲得說明的情境或地點——可能在過去曾出現過恐慌發作。通常情況下，當一個人出現恐慌發作時，他們會感到無助，並迫切希望逃離這種處境。這樣的人最終會避免去人群擁擠的地方，乘坐公共交通工具，去空曠的地方，或者去他們覺得可能成為陷阱的地方，例如電梯和隧道。這個人會害怕再次出現恐慌，因此會避開可能引發這種恐懼的地方。

有些恐懼——對掠食者的恐懼，對高度的恐懼，對黑暗的恐懼，對孤獨的恐懼——非常普遍，人類自古以來就有這種恐懼。這些恐懼在童年時期最為明顯，因為那時沒有創傷史。20世紀瑞士著名心理學家和心理分析學家卡爾·榮格(Carl Jung)觀察到，儘管沒有證據表明不同種族之間存在直接的知識和經驗共用，但許多種族都有共同的夢境，想像，信仰和恐懼。這促使榮格提出了"集體無意識"的存在，它就像一個隱藏的人類經驗倉庫，影響著我們的情緒，思想和行為。恐懼黑暗和孤獨的恐懼深深植根於我們的集體無意識中。進化論者認為，這些恐懼有助於我們的祖先生存，並確保我們物種的生存。動物研究進一步表明，恐懼可以代代相傳。在研究實驗室中，母鼠如果對以前沒有威脅的經歷產生恐懼，那麼其後代也會表現出同樣的恐懼反應，儘管這些後代從未經歷過同樣的實驗。

恐懼的起源

在《聖經》中，《創世紀》記錄了人類在地球上的生命起源。這是人類歷史的開端。《創世紀》第一和第二章不僅描述了上帝創造生命的過程，還描述了各種關係的建立——上帝與我們的祖先之間的關係，以及我們的祖先亞當和夏娃之間的關係。上帝與我們的祖先之間的關係以安全聯繫，溝通和友誼為特徵。這是父母與子女之間典型的安全依戀。上帝為亞當和夏娃提供安全感，監督，保護和資源，讓他們成長並征服他們所生活的環境。他們在自我管理，相互關係和環境管理方面都發揮最佳作用。因此，上帝是人類的第一位父母，為我們提供了安全的依戀。

安全的依戀與恐懼相反，它能夠產生一種接納，歸屬和愛的感覺。有愛，就沒有恐懼（約翰一書4:18）。有愛，就沒有排斥（約翰一書3:1）。請允許我利用我們塵世的生活經驗來理解《創世紀》中的敘述。當我們對父母產生深深的依戀時，我們自然而然地感到自己是家庭的一部分。我們感到被愛和接納。我們充滿自信。安全感強的孩子更願意探索周圍的環境，因為他們知道父母永遠都在身邊。孩子時刻都能感受到父母的關愛，因此不會感到恐懼。這種"無形的紐帶"將孩子與父母緊密相連，讓他們感到可靠和安全感。在這種安全感下，孩子會認為父母重視自己，這進一步增強了孩子的自我價值感。亞當和夏娃的經歷就是如此，《創世紀》1章和2章對此有所描述。

當亞當和夏娃無視上帝的指示時，他們立即受到了懲罰。他們對與天父安全的依戀與緊密相連的信心動搖了，恐懼隨之而來。我們在《創世紀》第3章第8-10節中讀到：

> *天起了涼風，耶和華神在園中行走。那人和他妻子聽見神的聲音，就藏在園裡的樹中，躲避耶和華神的面。耶和華神呼喚那人，對他說："你在那裡？"他說："我在園中聽見你的聲音，我就害怕；因為我赤身露體，我便藏了。"*

上帝的腳步聲如以前曾給孩子們帶來對慈愛父母到來的喜悅和期

待, 而現在卻帶來了恐懼。上帝來接近他們, 但亞當和夏娃已經內心充滿了不祥的預感和恐懼。作為回應, 他們決定躲避上帝。他們記得上帝的警告:"只是分別善惡樹上的果子, 你不可吃, 因為你吃的日子必定死。"(創世紀2:17), 羞恥和恐懼隨之而來, 他們的反應是遠離上帝。

讓我們設身處地地站在亞當和夏娃的角度。死亡的經歷對他們來說是完全陌生的。一個人如何能夠完全理解他們沒有經驗的事情呢? 然而, 上帝的品格卻始終如一。祂尋找他們——不是為了懲罰他們, 而是為了恢復和安撫他們。

上帝仍然與他們同在, 但從那時起, 亞當和夏娃從根本上感覺與上帝分離了。他們遭受了巨大的創傷, 恐懼成為他們的本能。直到今天, 恐懼仍然是人類普遍的經歷。所有的恐懼都歸為以下三個原始類別之一:

- 死亡恐懼。對掠食者, 高處, 密閉空間, 疾病, 飛行和黑暗的恐懼, 歸根結底都是對死亡恐懼的不同表現形式。
- 被拋棄或拒絕恐懼, 也包括害怕分離恐懼。
- 對自己微不足道的恐懼。害怕失敗和失去自主權是對自己微不足道的恐懼表現。

人類與上帝不同, 人類父母無法為我們提供絕對安全的依戀感。這就是為什麼我們人類可能會遭受一種或多種原始恐懼的原因。對於那些在生命早期經歷分離的人——安全依戀受到重大擾亂, 拒絕, 忽視或虐待受到嚴重干擾——恐懼更有可能成為我們生活中普遍存在的特徵。

雅各, 族長 (聖經研究)

《聖經》說:"聖經都是神所默示的（ 或作 : 凡神所默示的聖經）, 於教訓, 督責, 使人歸正, 教導人學義都是有益的"(提摩太后書3:16)。《聖經》還記載了有信仰的男男女女的經歷, 既不美化他們的善行, 也不淡化他們的缺點, 以便我們能夠向他們學習(希伯來書11)。在《創世紀》中, 有許多不同的人物, 從精神醫學的角度來看, 我認為雅各是最有趣的一個。他是個非常豐富多彩的人物, 我們可以從他身上瞭解恐懼以及如何克服恐懼。

競爭滋生害怕錯失的恐懼（創世紀25：21-26）

雅各是利百加和以撒的兒子，他們之前很長時間沒有孩子。利百加在丈夫以撒向上帝祈禱後終於懷孕了。她懷了雙胞胎，但在懷孕期間，她的子宮裡出現了動蕩。她腹中的雙胞胎互相推搡，似乎一直處於爭鬥和競爭狀態。他們在子宮內的開始就決定了他們日後互動和關係的基調。當分娩時間到來時，以掃是長子。但雅各雖然排在第二位，但並沒有被落下——他出生時緊緊抓住哥哥以掃的腳跟。在比賽中，當兩個競爭者之間沒有明顯的身體分離時，可以說兩者同樣排在第一位。在希伯來語中，雅各的名字的意思是"取代者"，"奪取者"和"抓住腳跟的人"。從出生起，雅各的行為就好像害怕錯失良機和變得微不足道。這種害怕錯失的恐懼常常會促使我們採取看似無情和不道德的行為。在恐懼的影響下，我們的理性往往退居其次，我們可能會做出事後會後悔的行為。

偏袒導致對渺小的恐懼（創世紀25：27-34）

在雅各的家庭中，他的父母各自偏愛他們各自喜歡的兒子。利百加愛雅各，而以撒愛以掃。雅各很可能沒有從父親以撒那裡得到安全感，這種關係中的不安全感加劇了他對渺小的恐懼。他完全清楚自己不是長子會有什麼損失。我認為雅各會非常在意自己只是稍稍錯過了這個與生俱來的權利。他為了與以掃爭奪長子的名分，不惜用一碗燉肉作為籌碼，這種自發性暴露了他的急切。他迫不及待地抓住這個機會，去爭取本可能屬於他的東西。以掃對自己的長子名分不屑一顧，這讓雅各佔了上風。如果這位長兄沒有那麼貪婪，也許雅各不會成功。事實上，雅各對父親的愛缺乏安全感，又害怕自己微不足道，這驅使他偷走了以掃的長子名分。確信自己的價值和重要性是人類的基本需求。追求權力，名望和財富往往是對這種未滿足的重要性的體現。這就是為什麼許多青少年開始以他們認為體現重要性的"名人"為榜樣。但真正的重要性只能來自我們的內心。

屈服於恐懼會讓我們陷入欺騙（創世紀27：1-30）

當以撒年邁且視力衰退時，他讓以掃去打獵，好讓他在死前祝福以掃。利百加讓雅各偽裝成以掃，這樣以撒的祝福就會落到他身上。儘管雅各欺騙了他的兄弟，奪走了長子的名分，但他並不願意欺騙自己的父親。他擔心因為欺騙而招致父親的詛咒。但利百加的對雅各的放縱之愛促使她代替雅各接受詛咒。她對最愛的兒子的愛毫無保留。她相信兒子的價值，願意採取這一行動，這鼓勵了雅各與利百加串通一氣。

雅各意識到父親對他的愛有所減少，因此決定欺騙是獲得祝福的唯一方法。他對以撒的不安全感以及害怕失去父親的祝福，意味著他願意付出任何代價。雅各堅信，一旦他獲得了父親的祝福，他的生活就會變得有意義。當父子倆坐在這一重大事件的門檻上時，以撒兩次表示懷疑他是否在和以掃打交道。兩次，雅各都向以撒保證，自己確實是長子以掃。雅各非常需要父親的關愛，迫切希望得到父親的肯定和重視，以至於在這個神聖的時刻欺騙了父親。就這樣，雅各通過欺騙獲得了以撒的祝福，而這份祝福是留給長子的。

對未知和死亡的恐懼（創世紀27:41-45, 28:1-5）
當以掃得知自己被雅各欺騙后，發誓要在父親去世後殺死弟弟。雅各的不安全感和對渺小的恐懼現在被對死亡的恐懼所取代。儘管如此，以撒還是愛著兩個兒子。雖然他讓雅各離開，但他是出於善意，並善意地建議雅各不要娶迦南女子為妻。以撒還向雅各宣佈了亞伯拉罕的祝福，這實質上使他成為上帝應許其祖父亞伯拉罕的合法繼承人。

從以撒的靈性來看，雅各很可能就是上帝的選民。雅各也渴望得到父親的祝福，因此聽從了父親的告誡，選擇了合適的妻子。這是雅各性格中的優點。他非常重視父親的祝福，因此不會做出任何危及這份禮物的事情。以掃則不具備這種優點，他輕率地拋棄了長子的名分，並娶入了父親要求兒子們避開的家族。

當我們陷入恐懼的深淵時，上帝就在我們身邊（創世紀 28: 10-22）
雅各逃離以掃時正處於人生的低谷。他不得不離開父母和社區，前往一個陌生的地方躲避憤怒的哥哥。他的未來充滿不確定性，恐懼程度一定達到了極點。他是否認為所有的陰謀詭計都不值得？他是否對自己對哥哥和父親的行為感到後悔和自責？ 正是在他人生中這段抑鬱的低谷時期，上帝與雅各相遇。懷著敬畏和恐懼，雅各發現自己站在"上帝之殿"下的"天堂之門"前。在神聖恩典的時刻，上帝向雅各伸出了手，向他承諾了與他的祖父亞伯拉罕和父親以撒相同的承諾。上帝在雅各幾乎不認識主是他的個人上帝的時候，向雅各伸出了他深不可測的愛。在雅各絕望和恐懼的深淵中，上帝向他伸出了援手，帶給他比夢想中更美好的希望。他的天父單方面向雅各承諾了安全，保護和意義，而雅各則許下誓言作為回報。上帝兌現了誓言，二十年後，祂提醒雅各，祂確實聽到了雅各的祈禱（創世紀13:31）。

當我們跌入谷底時，上帝會帶我們重回巔峰（創世紀29-31）

到目前為止，雅各應對恐懼的方式給他帶來了許多麻煩。他需要學習新的生活方式，而上帝對他的承諾將改變他的生活。他知道他不能再繼續耍陰謀詭計了。

逃離家鄉后，雅各與母舅拉班同住，併為他工作。在拉班身上，雅各看到了自己的影子，充滿了恐懼和不安全感。拉班還模仿雅各的欺騙行為，誘騙外甥娶了他並不喜歡的女兒利亞。這樣，年輕人為了娶自己真正愛的女兒拉結，就只能被迫再苦幹七年。拉班多次未經協商就改變雅各的工作條件和工資，進一步剝削他。但雅各學會了以敬畏上帝的方式與拉班打交道，也學會了改變自己自欺欺人的處事方式克服了自己的恐懼。最後，雅各終於能夠站在拉班面前宣佈：

> *我在你家這二十年，你的母綿羊，母山羊沒有掉過胎。你群中的公羊，我沒有吃過；被野獸撕裂的，我沒有帶來給你，是我自己賠上。無論是白日，是黑夜，被偷去的，你都向我索要。我白日受盡乾熱，黑夜受盡寒霜，不得合眼睡著，我常是這樣。我這二十年在你家裡，為你的兩個女兒服事你十四年，為你的羊群服事你六年，你又十次改了我的工價。若不是我父親以撒所敬畏的神，就是亞伯拉罕的神與我同在，你如今必定打發我空手而去。神看見我苦情和我的勞碌，就在昨夜責備你。*
>
> *----創世紀31:38-42*

二十年過去了，雅各不再以適得其反的方式屈服於恐懼。上帝賜予他繁榮，並增加了他的地位和財富，因為雅各應對恐懼的適應不良的應對機制不再阻礙上帝對他的祝福。正是在這個時候，上帝提醒雅各他在伯特利向上帝許下的誓言（創世紀 31:13）。現在，雅各已經做好了充分的準備，可以繼承祖父亞伯拉罕和父親以撒的衣缽，這是二十年前就應許給他的。

克服恐懼需要時間。上帝花了很多時間才消除雅各的消極應對方式，並幫助他學習新的行為。但雅各還有另一個恐懼需要面對：他的哥哥以掃和死亡的威脅。雅各從上帝那裡獲得了安全感與意義，並因此堅定了自己的信仰。但這足以讓他面對以掃嗎？雅各會繼續依靠上帝來應對恐懼嗎？

在神的幫助下，我們可以直面恐懼（創世紀32）

雅各在多年後見到他的哥哥，難免會感到恐懼。他給以掃準備了豐厚的禮物，並指示僕人明確傳達他對哥哥的臣服。他還把家人分成兩組，每組保護自己的牲畜，以防以掃襲擊。他竭盡所能避免與以掃發生衝突，他的行為表明瞭他對自己哥哥的不當行為的真正悔恨。雅各處於"極大的恐懼和痛苦中"（第7節），但他表現出了負責任的行為和謙卑的態度，希望避免災難和傷害降臨到他的家人身上。

最後，雅各向神祈禱，承認自己的不配，祈求神的信實，並請求神的保護。但即使這樣，也無法平息他的恐懼。他知道他還要面對他的哥哥以掃，他知道他的出現只會提醒以掃雅各是如何欺騙以非法手段獲得長子的名分和他們父親以撒的祝福。儘管他富有，儘管他外表顯赫，但時隔二十多年後即將與以掃的相遇，讓雅各想起了他內心深處的不安全感，以及害怕自己無足輕重的恐懼。

在孤獨和脆弱之時，當每個人性化的保護都不可用時，雅各的內心和靈魂赤裸裸地呈現在上帝面前。內心的衝突讓他別無選擇，只能向神求助，與恐懼抗爭。在寂靜的夜晚和黑暗的深處，雅各與神進行了肉搏。在全能的主面前，所有的慾望，夢想和恐懼都赤裸裸地展現在眼前。這是最徹底的煎熬。那裡沒有其他生物。沒有人親眼目睹雅各與神進入那個有形的空間。當上帝以一種非常個人化的方式與我們面對面時，就會發生這種交易，雅各知道這是唯一的機會。在得到上帝的祝福之前，他不會放手——這種祝福，一旦說出，就只能給雅各一個人。這不是可能會被盜或被欺騙。這必須是一種祝福，能給雅各帶來合法性，並最終使他擺脫恐懼。

上帝確實賜福給雅各，並確認了這一點，將他的名字改為以色列，意為"與上帝較力的人"（第28節）。通過這樣做，上帝賦予雅各新的身份和命運，恢復了他的合法性。雅各當時就知道他已面對面地看到了上帝（第30節）。與上帝的這次相遇是他夢寐以求的，他在伯特利找到了上帝的居所（創世紀28：17）。那時他還不認識上帝，但這次他遇到了上帝，並與他進行了面對面的搏鬥。雅各的生活從此發生了翻天覆地的變化。他與上帝同行，在靈裡與肉體上都有了改變——上帝還讓他瘸了大腿，讓他知道這次相遇是真實的。現在，他不再是一個充滿害怕，雅各會像敬畏上帝的人一樣生活。他親眼見到了他祖先的上帝，"亞伯拉罕的上帝和以撒的敬畏"（創世紀31：42），他的生活從此不再一樣。

　　就像雅各一樣，我們所有的恐懼都需要通過慈愛的天父來解決。我們作為人類的恐懼源於對死亡，被拒絕，被拋棄和失去意義的原始恐懼，這些恐懼源於墮落以及隨之而來的與天父的疏遠。就像雅各一樣，我們也需要緊緊依靠上帝，尋求他的同在和祝福。我們的治癒過程可能漫長而艱辛，我們可能需要直面自己的恐懼，因為恐懼不僅無濟於事，甚至會使我們的不安全感更加複雜。我們需要學會順服上帝的恩典，這樣才能真正擺脫恐懼。

第8章

神的父性與心理健康及醫治

與其他精神信仰相比,基督教信仰的獨特之處在於它向信徒宣稱上帝是父親。聖經《創世紀》中記載的創世故事暗示了上帝是父親,人類起源可以追溯到上帝本人。上帝用泥土創造了一個人,並將自己的生命氣息吹入人的鼻孔(創世紀1:26和2:7)。《創世紀》1和2還描述了上帝與亞當和夏娃之間非常親密的關係,因為上帝與他們自由溝通和交流,正是這種關係因墮落而中斷。

從《創世紀》12中亞伯拉罕的召喚開始,上帝制定了他的計劃,以拯救一個民族。從亞伯拉罕個人開始,他的兒子以撒和他的孫子雅各,然後是一個名為以色列的民族。上帝與以色列之間的關係是父子關係。《出埃及記》第4章第22-23節對此進行了更詳細的描述,此前上帝在燃燒的荊棘中與摩西相遇(《出埃及記》第3章)。在《聖經》其他部分也有記載,上帝在《出埃及記》第4章第22-23節中描述了與以色列的關係,即父與長子的關係。這意味著還會有更多的孩子(《希伯來書》第2章第10節)。

舊約聖經中的不同章節進一步闡述了這種父子關係的品質。為了幫助以色列人理解這種關係的本質,上帝用以色列人熟悉的父子關係中的塵世體驗來描述這種關係。如果你是父母,你會對此產生共鳴。父母對孩子充滿愛,善良,保護,關懷,寬容和犧牲。《聖經》以這種方式描述了上帝與以色列的關係,其中有三段經文尤其讓我深有感觸:

耶和華說:"以法蓮是我的愛子嗎? 是可喜悅的孩子嗎? 我每

逢責備他，仍深顧念他；所以我的心腸戀慕他，我必要憐憫他。"

----耶利米書 31:20

我原教導以法蓮行走，用膀臂抱著他們，他們卻不知道是我醫治他們。

----何西阿書11:3

耶和華你的神是施行拯救，大有能力的主，他在你中間必因你歡欣喜樂，默然愛你，且因你喜樂而歡呼。

----西番雅書3:17

一位好父母會陪伴孩子，無論他們是否意識到這一點。父母會關注孩子的每一個成長里程碑，無論多麼微不足道。父母是堅強而可靠的，與孩子在一起的每一次都是歡欣，舞蹈和慶祝的時刻。我們的天父也是這樣了解我們的。

上帝和耶穌的父愛

耶穌在世時，人們經常稱他為神的兒子。在《馬太福音》第二章中，馬利亞和約瑟夫逃往埃及，以避免嬰兒耶穌被希律王殺害。希律王死後，他們帶著耶穌回到了自己的家。馬太認為此事應驗了《何西阿書》11:1，該章節適用於作為神的兒子的以色列人：

他們去後，有主的使者向約瑟夢中顯現，說："起來！帶著小孩子同他母親逃往埃及，住在那裡，等我吩咐你，因為希律必尋找小孩子，要除滅他。"

----馬太福音 2:13-15

在耶穌受試探時，連撒旦也稱耶穌為上帝之子：

那試探人的進前來，對他說："你若是神的兒子，可以吩咐這些石頭變成食物。"

----馬太福音 4:3

魔鬼就帶他進了聖城，叫他站在殿頂上，對他說："你若是神的

兒子,可以跳下去,因為經上記著說:主要為你吩咐他的使者用手托著你,免得你的腳碰在石頭上。"

----馬太福音4:5-6

耶穌還多次稱自己為上帝之子。在貝塞斯達池邊治癒癱瘓病人的事件中,耶穌對猶太當局回應道:

耶穌對他們說:"我實實在在地告訴你們:子憑著自己不能作什麼,惟有看見父所作的子才能作;父所作的事,子也照樣作。父愛子,將自己所作的一切事指給他看,還要將比這更大的事指給他看,叫你們希奇。父怎樣叫死人起來,使他們活著,子也照樣隨自己的意思使人活著。父不審判什麼人,乃將審判的事全交與子,叫人都尊敬子如同尊敬父一樣。不尊敬子的,就是不尊敬差子來的父"

----約翰福音5:19-23

上帝和基督徒的父子關係

在四福音書的作者中,使徒約翰最擅長闡述信徒是上帝之子這一主題。在《約翰福音》第一章中,他將上帝之道的化身與人類,對上帝之道的信仰以及成為上帝之子的現實聯繫在一起:

太初有道,道與神同在,道就是神。這道太初與神同在。萬物是藉著他造的;凡被造的,沒有一樣不是藉著他造的。生命在他裡頭,這生命就是人的光。

----約翰福音1:1-4

他到自己的地方來,自己的人倒不接待他。凡接待他的,就是信他名的人,他就賜他們權柄,作神的兒女。這等人不是從血氣生的,不是從情慾生的,也不是從人意生的,乃是從神生的。

----約翰福音1:11-13

約翰在《約翰一書》3:1中進一步將上帝的愛與作為上帝之子我們的使命聯繫起來:

你看父賜給我們是何等的慈愛，使我們得稱為神的兒女；我們也真是他的兒女。世人所以不認識我們，是因未曾認識他！

他在《約翰一書》4：10中寫道：

不是我們愛神，乃是神愛我們，差他的兒子為我們的罪作了挽回祭，這就是愛了。

耶穌基督在十字架上為我們贖罪，使我們成為上帝的兒女。他不僅為我們的罪付出了代價，還使我們得以被接納進入上帝的大家庭。當抹大拉的馬利亞在耶穌復活後的第一個星期日與耶穌相遇時，約翰記錄了以下內容：

耶穌說："馬利亞！"馬利亞就轉過來，用希伯來話對他說："拉波尼！"（拉波尼就是夫子的意思。）耶穌說："不要摸我，因我還沒有升上去見我的父。你往我弟兄那裡去，告訴他們說：我要升上去見我的父，也是你們的父；見我的神，也是你們的神。"

----約翰福音20：16-17

後來，使徒保羅在《羅馬書》中詳細闡述了我們的收養教義：

弟兄們，這樣看來，我們並不是欠肉體的債，去順從肉體活著。你們若順從肉體活著，必要死；若靠著聖靈治死身體的惡行，必要活著。因為凡被神的靈引導的，都是神的兒子。你們所受的不是奴僕的心，仍舊害怕；所受的乃是兒子的心，因此我們呼叫："阿爸，父！"

----羅馬書 8：12-15

隨後，他在《加拉太書》4：1-7中進一步強調了我們的兒子身份：

我說那承受產業的，雖然是全業的主人，但為孩童的時候，卻與奴僕毫無分別，乃在師傅和管家的手下，直等他父親預定的時候來到。我們為孩童的時候，受管於世俗小學之下，也是如此。及至時候滿足，神就差遣他的兒子，為女子所生，且生在律法以下，要把律法以下的人贖出來，叫我們得著兒子的名分。你們既為兒子，神就差他兒子的靈進入你們（原文作"我們"）的心，呼

叫:"阿爸,父!"可見,從此以後,你不是奴僕,乃是兒子了;既是
兒子,就靠著神為後嗣。

因此,救贖不僅僅是擺脫罪惡和詛咒,而是被接納進入上帝的大家庭。我們不僅僅是因著恩典得救的罪人——雖然這是事實。但上帝的恩典不止於此。他的目的更好,更偉大。祂的目的是讓我們這些凡人成為祂的子女,成為基督的繼承人和共同繼承人。正如聖經所言:

既是兒女,便是后嗣,就是神的後嗣,和基督同作後嗣。如果我
們和他一同受苦,也必和他一同得榮耀。

----羅馬書8:17

每當我讀到這段經文時,我都會感到震撼。請和我一起想像一下:耶穌所是的一切,我就是;耶穌所有的一切,我都有。讓我們思考一下這個真理。

上帝的父性和治癒

《聖經》中一個重要的啟示是上帝是治癒者的身份。上帝在《出埃及記》15:26中首次揭示了祂作為治癒者的身份:

你若留意聽耶和華你神的話,又行我眼中看為正的事,留心聽
我的誡命,守我一切的律例,我就不將所加與埃及人的疾病加
在你身上,因為我耶和華是醫治你的。

這段話的背景是,以色列人在舒爾沙漠中流浪了三天,沒有水喝。最後,他們找到了一條小溪,但水太苦了,不能喝。他們照常抱怨,並向摩西訴苦。於是,上帝指示摩西將一塊木頭扔進溪流,之後溪水便變得可以飲用。

這次,上帝以耶和華·拉法(Jehovah Rapha)的身份現身,即"治癒者"耶和華。希伯來語中"拉法"("Rapha")一詞的意思是"恢復"或"治癒"。舊約聖經中多次提到主是治癒者。祂治癒我們的疾病,恢復我們的健康,撫平我們的情感創傷:

我的心哪,你要稱頌耶和華,不可忘記他的一切恩惠。他赦免
你的一切罪孽,醫治你的一切疾病。

----詩篇103:2-3

"耶和華說：我必使你痊癒，醫好你的傷痕，都因人稱你為被趕散的，說：這是錫安，無人來探問的"

----耶利米書 30:17

他醫好傷心的人，裹好他們的傷處。

----詩篇 147:3

看哪，我要使這城得以痊癒安舒，使城中的人得醫治，又將豐盛的平安和誠實顯明與他們。

----耶利米書 33:6

耶和華靠近傷心的人，拯救靈性痛悔的人。

----詩篇 34:18

上帝對兒女的治癒不僅限於靈性層面，還延伸到身體，情感和心理層面。以賽亞在預言彌賽亞的救贖工作時寫在常被引用的《以賽亞書》53:4-5的經文：

"他誠然擔當我們的憂患，背負我們的痛苦；我們卻以為他受責罰，被神擊打苦待了。哪知他為我們的過犯受害，為我們的罪孽壓傷。因他受的刑罰，我們得平安；因他受的鞭傷，我們得醫治。"

以賽亞還在以賽亞書61:1中預示了彌賽亞的治癒工作：

主耶和華的靈在我身上，因為耶和華用膏膏我，叫我傳好資訊給謙卑的人（或作"傳福音給貧窮的人"），差遣我醫好傷心的人，報告被擄的得釋放，被囚的出監牢。

彌賽亞的使命不僅在於拯救人們脫離罪惡，還在於治癒心理健康問題。馬太在《馬太福音》第8章第16和17節中肯定了耶穌作為彌賽亞的使命，他寫道，耶穌驅趕了惡靈，治癒了所有病人，這應驗了《以賽亞書》第61章第1節。馬太還補充道："他代替我們的軟弱，擔當我們的疾病。"（第17節）

我們從《聖經》中得知，耶穌的使命是治癒身體上的創傷，同時治癒精神疾病和精神壓迫。耶穌關於"八福"的著名教導主要是為了改善心理健康（馬太福音5：3-10）。他還邀請我們與他合作，以減輕我們的情感負擔：

> **凡勞苦擔重擔的人，可以到我這裡來，我就使你們得安息。我心裡柔和謙卑，你們當負我的軛，學我的樣式，這樣，你們心裡就必得享安息。因為我的軛是容易的，我的擔子是輕省的。**
>
> *----馬太福音 11:28-30*

在《路加福音》8：26-39和《馬可福音》5：1-20的平行段落中，耶穌驅趕了格拉森被鬼附的人體內的惡靈，從而治癒了他。結果，這個人的心智也得到了恢復。村民們發現他穿戴整齊，而且"神志清醒"（路加福音8：35）。在這個案例中，惡魔附身不僅影響了他的身體，還影響了他的心智。驅除邪靈有助於他恢復更好的身心健康。

在《約翰福音》21：15-19這段經常被引用的經文中，耶穌在彼得否認耶穌后（馬太福音26：31-35）再次肯定了彼得。耶穌三次問彼得是否愛他。彼得後來三次否認耶穌，與耶穌的三次詢問相對應。這段經文有多種解釋，但對我來說，這是耶穌向彼得提供的內心治癒的非常美好的經文。

我們從《聖經》中得知，彼得是一個坦率的人。他毫不掩飾自己的感情，對否認耶穌的行為確實感到非常後悔。在三次否認耶穌後，公雞鳴叫，彼得"出去痛哭"（路加福音22：54-62）。彼得很可能一直為否認耶穌而感到內疚，但他也有可能對自己軟弱無能和愛耶穌的膚淺性有所頓悟。畢竟，他已表明自己不會像之前聲稱的那樣為他的主人而死。

在耶穌詢問彼得是否愛他的前兩次，耶穌指的是"聖愛的愛"（"agape"的愛）——最高犧牲的愛。彼得兩次回答說他愛耶穌，但那是兄弟般的愛，這種愛被認為是一種低等愛。第三次，耶穌改變了問題，問彼得是否用兄弟般的愛來愛他。彼得"很傷心"。他回答說："主啊，你是無所不知的，你知道我愛你。"（約翰福音21：17）。

在這段美妙的對話中，耶穌揭示了彼得的真實自我——他以前不知道的自己。耶穌需要彼得更多地瞭解自己，然後才能委以他生命中的下一個使命。然而，儘管內心充滿衝突，耶穌還是以一種溫和的方式與彼得交流，彼得因此擺脫了罪惡感。取而代之的是，他獲得了寬恕，接納和歸屬感。

耶穌的使命

《聖經》說，上帝在過去不同時期通過先知說話。但上帝的最終代言人正是他的兒子耶穌基督(希伯來書1：1-4)。耶穌說他是"道路，真理和生命"，我們因他來到父面前(約翰福音14：6)。當我們認識耶穌，也就認識天父(約翰福音14：9)，耶穌宣稱他與天父是合一的(約翰福音10：30)。從根本上說，耶穌揭示了他與天父在神性中的合一與統一。聖子與聖父的關係親密無間，他們是一個整體，這種關係是以同步，統一和親密為特徵。從人的角度來說，聖子深知聖父的心意。

通過耶穌和他在十字架上的救贖之死，基督讓基督徒得以與聖父享有同樣的親密關係。我們可以像耶穌一樣親近上帝的父心。耶穌在《約翰福音》第17章描述了這種神秘而真實的體驗，基督徒無論在過去還是現在都可以享受這種體驗：

> 我不但為這些人祈求，也為那些因他們的話信我的人祈求，使他們都合而為一。正如你父在我裡面，我在你裡面，使他們也在我們裡面，叫世人可以信你差了我來。你所賜給我的榮耀，我已賜給他們，使他們合而為一，像我們合而為一。我在他們裡面，你在我裡面，使他們完完全全地合而為一，叫世人知道你差了我來，也知道你愛他們如同愛我一樣。
>
> ----約翰福音 17：20-23

這是神賜予基督徒的親密關係——這種親密關係源自上帝的父愛之心。通常，有心理健康問題的人會感到被排斥，不歸屬，缺乏親密關係和疏離。然而，人類天生就渴望與人建立聯繫(創世紀2：18)。我們無法獨自存在。我們需要重要的他人來建立自我意識和人生意義。只有在與他人建立有意義的聯繫時，自我意識才是完整的。

與他人關係融洽的人通常比那些孤立和疏遠的人擁有更好的心理健康。通過親密關係接近上帝的父心有助於治癒心理健康問題，因為它會增加接納感和歸屬感。上帝通過耶穌基督使我們與祂和解(哥林多後書5：18)，然後通過祂接納我們成為祂的兒女，讓我們感到被接納和歸屬(以弗所書1：5)，從而實現了這一點。

通過接納和歸屬，我們與上帝也獲得了和平(羅馬書5：1)和上帝的平安(約翰福音14：27)。心理健康問題常常讓我們失去平安的感覺。抑鬱,焦慮和恐懼患者會感到靈魂衝突和靈性不安。這通常表現為身體機能紊亂,導致睡眠,運動和思維過程不佳。精神藥物通常無法使患者平靜,只會讓他們麻木。這意味著患者感覺自己的精神痛苦被麻醉了,但這也使他們失去了積極的情緒。我的大多數患者都難以忍受這種體驗,以至於他們不再服藥。通過上帝的父愛獲得的平安是不同的。它令人耳目一新,充滿活力和動力(詩篇23)。

有心理健康問題的人常常感到絕望。這是抑鬱症患者的一個核心特徵,然而《聖經》向我們保證,通過上帝的父愛,希望是可以獲得的:

> *盼望不至於羞恥; 因為所賜給我們的聖靈將神的愛澆灌在我們心裡。*
>
> *----羅馬書5:5*

我們對天父的盼望源於我們對祂無條件的愛的認知。我們對祂之愛的認知越深刻,我們對祂的盼望就越堅定。這種盼望並非建立在我們自己的努力和計劃之上,而是牢牢植根於祂的信實之中。因此,我們的心靈能夠滿懷希望地宣告:

> *我們不至消滅,是出於耶和華諸般的慈愛,是因他的憐憫不至斷絕。每早晨這都是新的; 你的誠實極其廣大! 我心裡說:"耶和華是我的分,因此,我要仰望他。"凡等候耶和華,心裡尋求他的,耶和華必施恩給他。人仰望耶和華,靜默等候他的救恩,這原是好的。*
>
> *----哀歌3:22-26*

這種希望也能幫助我們克服困難和逆境。

> *但那等候耶和華的,必從新得力; 他們必如鷹展翅上騰,他們奔跑卻不困倦,行走卻不疲乏。*
>
> *----以賽亞書40:31*

歸根結底,我們的心理健康和擺脫精神疾病(無論是焦慮,恐懼還是抑鬱)的最終歸宿,是對上帝及其對我們慈愛之心的個人認知。

～

恭喜您！您已經完成了本書的第一部分！我希望您喜歡我們一起探索心理健康，焦慮問題和恐懼，生物心理社會治療及其局限性，以及從基督教靈性的角度考慮和治療焦慮問題和恐懼的必要性。我希望您通過我的個人見證和案例研究，對我有了更多的瞭解，包括個人和專業方面。

如果你和我一樣，你可能會自言自語："那又怎樣？我到底該如何運用從第一部分學到的知識？"當我被告知一個問題時，我也想知道如何解決它。我喜歡自助。當我成功解決了一個問題，閱讀完一本手冊後，我感到自己獲得了力量。作為一名治療師，我也相信能夠賦予他人力量。事實上，當我剛開始寫這本書時，它只是第二部分的刪節版——基本上就像一個小手冊。所以現在我們終於完成了我最初的目標：一本從基督教靈性角度應對焦慮和恐懼的自助手冊。

和很多人一樣，當我拿到"宜家"（IKEA）手冊時，我傾向於跳過某些部分，或者對如何把零碎的東西拼湊起來做出某些假設。我不可避免地感到沮喪和困惑，最後發現必須把所有東西拆開，重新開始。考慮到這一點，我建議您連續閱讀以下章節，因為您將學習的技能是相互關聯的。我還建議您在閱讀時嘗試各種練習。無論您是否焦慮或恐懼，這些練習都將豐富您的心理健康，靈性生活。您甚至可以與朋友，同事或親人分享您學到的練習。

第二部分

優化心理健康的
實踐技能

第9章

保持覺察

大多數人發現難以忍受焦慮的情緒。這是因為焦慮通常與一種不安或憂慮的狀態相關，表現為過度的擔憂，緊張或恐懼。它常常伴隨著一種即將發生危險或威脅的感覺，即使可能沒有任何直接或具體的原因引發這種情緒。本能地——尤其是如果他們之前沒有經歷過焦慮情緒——大多數人會將焦慮視為一種有害的情緒，並試圖儘快擺脫它。

恐懼通常與我們可以指出的物件或情況有關，因此我們可以合理地逃避或當場處理。所以，當恐懼突然出現，而我們無法將其與特定的威脅或當前情況聯繫起來時，就會稱之為恐慌或焦慮發作。但人類會試圖理解和解釋自己的經歷，這就是為什麼絕大多數第一次經歷恐慌發作的人通常會認為自己心臟病發作。很多人會前往最近的醫院或找家庭醫生就診，這種情況並不少見，因為恐懼帶來的難以解釋的身體反應會讓他們產生最壞的預感。許多經歷過急性焦慮的人，在恐慌發作時感到恐懼，以至於每當焦慮來襲時，身體就會不適。這種情況可能會加劇，直到他們經歷一波又一波的壓倒性焦慮。如果他們學會了有效的鎮靜技巧，焦慮可能會在短時間內得到緩解。

患有慢性焦慮症的人會告訴你，他們總是感到緊張，壓力和焦慮，而另一些人則感到長期的不安。他們的大腦總是充滿擔憂和顧慮，這些擔憂似乎有自己獨立的生命，就像自動駕駛模式一樣，無論當事人是否打算擔心。還有一些人抱怨說，他們的大腦總是霧濛濛的，就像透過厚厚的雲層思考一樣。

無論是急性焦慮還是慢性焦慮，焦慮管理的第一步都是教會患者應對焦慮，而不是對焦慮做出反應。這通常需要付出很大的努力。因為當患者決定尋求說明時，他們已經習慣將焦慮感視為一種不受歡迎的情緒。因此，他們必須首先摒棄那些使焦慮持續的行為。要做到這一點，個人需要退後幾步，從學會覺察自己的焦慮情緒而不對其做出反應開始。這可能是一項難以掌握的技能，因為我們生活在一個"即時"的世界里。我們以光速處理事務，沒有學會如何暫停，甚至期望問題在昨天就已經解決。

但在你學會這種自我覺察之前，首先需要思考一些你可能從未接觸過的新知識。

1. 身體感覺先於情緒

作為生物，我們通過五種感官（嗅覺，觸覺，視覺，味覺和聽覺）不斷對外部和內在做出反應。當這些身體和心理感覺融合在一起時，我們就可以用"感覺"一詞來描述我們的狀態，我們稱之為情緒。例如，當面對野生動物時，我們的心跳加快，大量出汗，肌肉極度緊張，呼吸急促而沉重，同時大腦想出無數逃跑的辦法。我們將這些感覺統稱為"恐懼"。現在讓我們想像一下，與暗戀已久的人第一次約會。當那個夢寐以求的人出現在眼前時，我們的心跳加速，出汗，呼吸加快。我們的瞳孔放大，腦海中浮現出無數種打動對方的方法。我們不想逃跑，而是渴望停留下來，細細品味這令人陶醉的體驗，哪怕它讓我們"雙腿發軟"。這一次，我們將這些身體感覺統稱為"浪漫"。

在上述兩種情況下，引起身體反應的生理反應是相同的。然而，由於這兩種體驗的場景不同，我們對隨後產生的情緒的描述也截然不同——一種是恐懼，另一種是浪漫。情境決定了所有差異。

2. 情緒沒有好壞之分

基於這一認知，我們還可以斷言，情緒本身沒有好壞之分。它們只是我們與周圍環境互動時身體感覺的累積結果。我們管理情緒的能力比簡單地判斷情緒"是好是壞"更重要。事實上，對情緒的判斷往往會阻礙情緒的管理，並使其變得更令人不快。如果情緒只是對某種情況的信號，那麼焦慮只是我們即將陷入不確定情況的信號。這種情況的一個極端例子是，我們的身體或心理完整性受到嚴重威脅。當走在黑暗的小巷裡時,我們會感到極度焦慮,我們可以把這種情緒視為有益的,因為它可以讓我們更加警覺。這種警覺以及高度的警惕性是可取的,因為我們不確定周圍的環境以及我們的安全是否受到威脅。然而,同樣的身體感覺以恐慌發作的形式出現,卻常常讓我們措手不及,因為沒有跡象表明即將發生危險。儘管我們的身體或心理並未受到威脅,但極度恐懼的情緒體驗仍會讓我們感到困惑和迷失方向。我們的身體感覺告訴我們,我們需要遠離迫在眉睫的威脅,但我們不知道威脅是什麼。

我治療恐慌症患者已有多年經驗。我的大多數患者都告訴我,當他們第一次出現恐慌時,他們強烈地想要逃離或逃避某種他們無法確定的東西。儘管他們之前已經經歷過甚至享受過同樣的情境,但大多數人還是最終"逃離"了這種情境本身。在這種情況下,對情境的認知評估與身體感覺的嚴重程度並不相符。這種"攻擊"帶來的恐懼體驗非常強烈,以至於我的大多數患者都保留著與這種場景相關的身體記憶。因此,建議他們今後去同一個地方或面對同樣的情況,往往會引發更強烈的恐懼感,儘管程度較輕,而迴避成為他們下一步的通常做法。但如果逃避持續下去且得不到治療,患者可能會患上繼發性精神障礙,如廣場恐懼症,社交焦慮症或特定恐懼症。

3. 我們對焦慮情緒的反應比焦慮情緒本身更重要

焦慮感只是對結果不確定(真實或主觀)的情況或事件的反應。例如,學生可能對即將到來的考試感到焦慮,不確定自己是否已經足夠學習通過考試。而他的朋友可能感到平靜且充滿信心,相信自己會輕鬆通過考試,因為他知道他為此考試準備了很長時間。對於前者,焦慮的學生如果決定全力以赴,付出更多努力,也許就能將焦慮轉化為自信。但如果他認定考試結果已經板上釘釘,再怎麼努力也無濟於事,那麼他甚至會對考試感到沮喪。

但焦慮比我們大多數人日常經歷的微妙擔憂更嚴重,這又該如何呢?讓我們以恐慌發作為例。當恐慌發作時,人們通常會感到身心俱疲,因為沒有人能預知這種極度恐懼和無助的感覺。不幸的是,只要當事人繼續如此強烈地反應,無論他們之前經歷過多少次這樣的攻擊,那麼恐慌症就會持續存在。原因是身體對"災難"的自然反應,即產生大量的腎上腺素和去甲腎上腺素來"對抗"引起恐慌發作的原因。當事人變得高度興奮，甚至更加焦慮，但恐慌的原因並沒有得到解決。這會導致腎上腺素水平持續升高，為下一次"發作"做準備，從而使人陷入持續的焦慮之中。這是一個惡性循環。不僅如此，從長遠來看，患者還可能會患上抑鬱症或廣場恐懼症（焦慮症）等繼發性疾病。

在我擔任精神科醫生期間，我治療過許多恐慌症患者。他們告訴我，那種即將發生災難的感覺非常真實，以至於除了恐懼之外，很難做出其他反應。這就像他們的感覺和實際發生的事情之間存在認知失調。即使沒有真正的災難或迫在眉睫的災難，人們也會感到極度恐懼，這讓他們不知道該如何應對。這就是為什麼人們常常會"逃離"當前處境或環境的原因。真實的恐懼和災難感，以及邏輯上明知一切正常卻感到困惑，促使他們完全退出當前處境。"焦慮會消失的，"他們假設，"當我能夠擺脫這種處境時"。現實情況是，我們大多數人沒有受過這方面的訓練，不知道如何應對災難性的焦慮情緒。

4. 焦慮時保持冷靜的最佳方法不是停留在焦慮情緒中

假設我讓你隨意改變你當前的情緒狀態。你會怎麼做？假設你感到悲傷，而我讓你感到快樂？你如何從焦慮變為平靜與安寧？強迫自己感受一種情緒是極其困難的，因為身體傳達給你的每一種感覺都在告訴你另一種完全不同的方式——尤其是當感覺非常消極時，無論是焦慮，緊張，恐懼，悲傷還是憤怒。

作為兒童和青少年精神科醫生，我在實踐中教導年輕人數到10，並遠離與極度消極情緒相關的環境。我要求他們暫停一下，並讓自己遠離這種環境——如果可能的話，從身體上遠離，如果不行，就從心理上遠離。此外，還要教會年輕人識別引發負面情緒的情況，意識到並說出這種情緒，然後每當這種情緒抬頭時，就提前"暫停"。

在理解並解釋了上述內容后，讓我們現在來關注如何管理恐懼和焦慮。這項練習包括六個關鍵步驟。第一步是保持覺察。它進一步細分為以下幾個子步驟：

1. 識別預示恐懼和焦慮情緒的身體感覺
2. 正確識別恐懼和焦慮情緒，不做任何評判

3. 暫停

讓我們先處理急性焦慮或恐懼：

急性焦慮

在應對急性焦慮時，我們需要理解以下重要性：

1.準確識別急性焦慮的身體感覺

急性焦慮或恐懼的身體感覺包括：

- 心跳加快，您可能會感到胸口劇烈跳動，非常難受。
- 呼吸急促，就像剛做完劇烈運動一樣。您可能會感到呼吸困難。
- 大汗淋漓，就像剛在烈日下進行了體力勞動一樣。
- 肌肉緊張加劇，感覺肌肉像盤繞在一起一樣無法放鬆。你可能覺得需要通過運動來釋放身體的肌肉緊張。
- 胸悶，就像有人把重物壓在胸口。當一個人第一次經歷急性焦慮發作或恐慌發作時，胸悶會非常痛苦，以至於他們常常誤以為這是心臟病發作。這個人通常會去看家庭醫生或去醫院的急診科檢查心臟。
- 喉嚨里有個腫塊，讓人感覺無法呼吸。這種感覺是喉嚨周圍肌肉收縮造成的。無法呼吸的感覺非常可怕，患者可能會認為自己快要窒息而死了。我經常要安慰患者，告訴他們不會因為窒息而死，除非真的有人掐住他們的脖子。
- 頭暈，彷彿要暈倒。
- 手部或嘴部周圍有針刺感。有時，患者會感到四肢刺痛。
- 一種無法擺脫的厄運和陰霾感，彷彿災難即將來臨。這種沉重的感覺往往與患者所處的實際情況不符。
- 無法控制的快速思維，讓人難以集中注意力。

上述癥狀都是體內腎上腺素和去甲腎上腺素過多，以及呼吸頻率加快導致血液迴圈化學性質改變的結果。在極度焦慮或恐懼時，重要的是不要對身體的反應過度。如果您出現這些癥狀，重要的是認識到這些信號表明您正在經歷嚴重的焦慮發作或極度恐懼。您可能想暫停一下，讓自己處於一個舒適的位置或環境中,但除非現場情況過於糟糕,加劇了您的癥狀,否則無需驚慌或逃避。如果情況允許暫停,您可以選擇停止正在做的事情,找一個安靜的地方坐下,為下一步做好準備。

2.正確地標記恐懼和焦慮的情緒,不要妄加評論

管理急性焦慮或恐懼的下一步是用"感覺"一詞來描述身體感覺的集合。不要試圖解釋這種感覺是如何被觸發的,或者你是否應該以某種方式去感受。簡單,準確,簡潔的陳述(如以下內容)就足夠了。用輕柔的聲音大聲說出自己的感受也會有所說明。例如,試著大聲說:

"我感到焦慮。"

"這是一種焦慮的感覺。"

"我正在經歷焦慮發作。"

"我感到恐慌。"

3.暫停

暫停,有兩個步驟,我們將在下文進一步說明。首先,不要與焦慮發生衝突——避免對你所感受到的進行任何辯論或判斷。其次,將注意力轉向內心,想像一些畫面,鼓勵自己等待急性焦慮消退。我稱之為"等待,觀察和好奇"法。

第一步:避免評判和爭論

這是最開始最難做到的部分,因為你的所有想法都在極力堅持認為一切都不對勁。你可能會突然冒出一些想法,比如"我要死了","這裡發生了可怕的事情","我要心臟病發作"等等。但越是糾結於這些想法,身體越處於戰鬥或逃跑狀態,就會分泌出更多的壓力荷爾蒙,如腎上腺素和去甲腎上腺素,從而加劇最初的急性焦慮發作。

在我作為兒童,青少年和家庭精神科醫生的工作實踐中,我治療過許多患有恐慌症的患者,他們不幸被教導通過辯論焦慮想法的合理性來應對焦慮。這種方法認為焦慮想法會產生焦慮情緒——用非焦慮想法取代焦慮想法應該可以消除焦慮情緒。然而,我的病人告訴我,儘管他們能夠從邏輯上判斷,辯論並替換焦慮的想法,但他們並沒有感到任何不同。更糟糕的是,他們中的一些人甚至覺得與自己的想法互動

會讓他們更加焦慮。有些人甚至說，儘管他們努力糾正無益的想法，但一切都沒有改變，他們對自己感到憤怒。

我的結論是，當一個人不得不忙於應付已經飛速運轉的思維時，就無法達到平靜的狀態。事實上，我的許多患者都表示，在這種狀態下，他們很難控制自己的思維過程。脫離而不是參與，才能讓思維放慢速度，並在一段時間後趨於平靜，這讓我想到了"暫停"方法的第二步。

第二步：等待，觀察和猜測

包含動作性但與不同情緒結果相關的心理意象有助於緩解焦慮。請允許我詳細解釋一下。

一個簡單的心理意象示例是想像自己在大海上衝浪。你漂浮在藍色的海浪上，看著海浪把你拉回岸邊，並等待著。對於許多經歷過嚴重焦慮的人來說，海浪或海浪衝浪的視覺意象與實際的身體體驗相吻合。他們常常形容自己被焦慮的"海浪"擊中。在這種心理意象中，人們可以保持好奇，等待和想知道海浪何時結束的中立立場。觀察有助於人們保持旁觀者的姿態，而猜測則使人偏離災難的既定結論。戰鬥-逃跑激素就像一股浪潮襲來。我們需要保持好奇心——它會消失和消散——而不是與之對抗。否則，我們的身體會產生更多的戰鬥-逃跑激素，導致另一波焦慮，從而引發"滾動焦慮"。這時，我們會因為焦慮而焦慮，並因連續的焦慮而加劇戰鬥-逃跑激素。最初的一波焦慮很快就會變得難以控制，形成一種自我實現的預言，即情況真的失控了，並導致我們陷入極度恐懼。

《聖經》中《馬可福音》4:35-39中耶穌平息風暴的敘述，為等待，*觀察和猜測*提供了一個非常有力的視覺形象：

> *當那天晚上，耶穌對門徒說："我們渡到那邊去吧。門徒離開眾人，耶穌仍在船上，他們就把他一同帶去，也有別的船和他同行。忽然起了暴風，波浪打入船內，甚至船要滿了水。耶穌在船尾上，枕著枕頭睡覺。門徒叫醒了他，說："夫子！我們喪命，你不顧嗎？"耶穌醒了，斥責風，向海說："住了吧！靜了吧！"風就止住，大大的平靜了。*

這段關於海浪，動蕩，恐懼和焦慮的著名經文，在耶穌的指引下卻產生了不同的結果。我的許多基督教患者發現這段經文有助於"等待，*觀*

察和猜測"練習。它有助於個人減輕急性焦慮發作的預期負面結果。有些人用手機上的聖經應用程式閱讀這段經文，讓自己沉浸在敘述中。而另一些人則擅長想像，他們把自己想像成船上的門徒之一，被海浪衝得東倒西歪，但滿懷好奇地期待耶穌平息海浪。還有一些人則重複耶穌的話："住了吧！靜了吧！"

～

在繼續討論慢性焦慮症之前，讓我們先回顧一下急性焦慮症的相關知識。回顧一下，當感到極度恐懼或焦慮時，*保持覺察的步驟是：*

1. 識別急性焦慮的身體感覺。
2. 正確地將其標記為一種情緒，例如"我感到焦慮"。
3. 接受焦慮的感覺，不加爭論或評判。
4. 喚起騎乘平穩海浪或耶穌平息風暴的心理或視覺意象。
5. 專注於心理意象，讓自己靜心等待，觀察和猜測。

慢性焦慮症

急性焦慮症如果得不到充分治療，就會演變為慢性焦慮症。與急性焦慮症不同，慢性焦慮症的癥狀沒有那麼強烈。患者通常不會突然感到恐慌，而是持續感到不安和焦慮。由於無法獲得內心的平靜與安寧，他們常常感到內心躁動。慢性焦慮症患者可能很難充分享受生活。有些人甚至抱怨自己為瑣碎小事而煩惱。這些患者中有很多被正確診斷為廣泛性焦慮症。他們還沒開始新的一天就擔心起來。對於這些人來說，除了"觀察，等待和猜測"之外，以下兩個"保持覺察"練習也會有所說明。

五感五分鐘——一種"保持覺察"練習

在危機過後繼續進行保持覺察練習是件好事，甚至至關重要。我們越是能夠意識到負面和痛苦的情緒，而不對其做出反應，我們的心理健康就會越好。在此基礎上，*五感五分鐘*練習有助於提高我們對身體感覺的感知能力。這項練習並不是要我們清空大腦。相反，它是一種有意識的專注練習。*五感五分鐘*練習的步驟如下：

1. 選擇一個不會過度刺激,情緒中性的地方。可能是您家後院的花園,安靜的公園或附近的海灘。
2. 深呼吸,閉上眼睛(除非您正在進行視覺感官練習)。
3. 從頭頂到腳尖仔細觀察自己的身體,慢慢體會視覺,聽覺,觸覺,嗅覺和味覺帶來的任何感覺。
4. 專注於這種感覺,不做任何解釋和判斷。
5. 描述這種感覺,例如"這是一片綠葉"(視覺),"我能感覺到陽光溫暖著我的皮膚"(觸覺),"這是一隻鳥在唱歌"(聽覺)。
6. 以中立的方式關注每種感官刺激,注意其對你的感官的影響,不做任何評判。
7. 當你覺得準備好從第一個刺激轉移到另一個刺激時,慢慢轉移你的注意力。

有意識地覺察身體感覺是控制焦慮和情緒的第一步。我建議每天練習5分鐘。你可以把它納入每天的祈禱或讀經時間,在上下班途中練習,或者把它添加到你的日常習慣清單中,比如刷牙,洗澡和泡茶。

五個屬性五分鐘——一種"保持覺察"練習

通過上述*五感五分鐘*練習,我進一步教導我的基督教患者將練習擴展到有意識地關注上帝的五個屬性——愛,信實,仁慈,善良和恩典我稱之為"*五個屬性五分鐘*"練習。我的許多基督教患者學會了關注並看到愛,焦慮感隨之減輕在日常生活中體會上帝的愛,仁慈,信實,善良和恩惠。要練習的"*五個屬性五分鐘*"練習,請按照以下步驟進行:

1. 選擇一個情緒上中立且不太刺激的地方。可以是房子後面的花園,安靜的公園或附近的海灘。
2. 深呼吸,閉上眼睛(除非你正在做視覺感官練習)。
3. 從頭頂到腳尖仔細觀察自己的身體,慢慢體會視覺,聽覺,觸覺,嗅覺和味覺帶來的任何感覺。
4. 專注於這種感覺,不做任何解釋和判斷。
5. 描述這種感覺,例如"這是一片綠葉"(視覺),"我能感覺到陽光溫暖著我的皮膚"（觸覺），"這是鳥兒在歌唱"（聽覺）。

6. 以中立的方式關注每種感官刺激，注意其對你的影響，不做任何評判。

7. 慢慢轉移你的注意力，去思考上帝的屬性。感官刺激讓你想起了上帝的哪個屬性？例如，陽光照在皮膚上的溫暖可能讓你想起了祂的愛。看到美麗的花朵或雄偉的樹木可能讓你想起了祂的仁慈和關懷。

8. 一旦你確定了上帝的屬性，讓自己完全沉浸其中，無論是愛，信實，善良，仁慈還是恩典。

9. 簡短禱告結束練習：例如，"天父，感謝您對我的愛。今天，請說明我在一天的工作中體驗您的愛。以您兒子的名義祈禱。阿門"

10. 在練習這些練習時，寫下您的體驗。這將說明您瞭解自己在應對焦慮和恐懼方面的進步。

*等待，觀察和猜測，五感五分鐘，五個屬性五分鐘*等練習都可以用來減輕我們的日常壓力。事實上，經常做這些練習可以幫助我們預防恐懼或焦慮問題的發生。正如我

經常與患者分享的那樣，我們生活在一個充滿壓力和孤獨的世界中，我們需要知道如何以健康的方式減壓。學會覺察是邁向更好心理健康的第一步。

第10章

心靈錨定

焦慮和恐懼的主要主題是不確定性。關於分離焦慮症,我們不確定與安全來源分離后該如何應對; 對於社交焦慮症, 不確定性則與無法表現出他人可接受的適當社交行為關。在某些焦慮症中, 不確定性與擔心身體完整性受損或發生有害事件有關。我們很多人都知道的一個例子是強迫性洗手行為, 這是強迫症的一種, 與對細菌的恐懼有關。在這種情況下, 我們不確定自己的手是否足夠乾淨, 擔心儘管過度仔細地洗手, 手仍可能被細菌污染, 從而導致生病。在創傷后應激障礙這種更嚴重的焦慮症中, 每當我們的創傷記憶被觸發時, 我們真的會擔心自己會受到傷害, 身體完整性會受到損害。

恐懼和焦慮的生理癥狀通過戰鬥-逃跑反應在我們的身體上表現出來, 而不確定性的概念則表現為令人擔憂的想法。在恐慌發作的情況下, 這些想法會迅速變得難以抑制且令人恐懼。例如:

"我要死了!"

"我即將遇到不好的事情。"

"我必須馬上離開這裡。"

"沒有人能說明我。"

在強迫症的情況下, 最常見的強迫行為是反覆清潔, 檢查或數到某個特定的數位。與此同時, 所有這些背後的擔憂可能是:

"如果我不徹底清潔自己, 我會因細菌而生病。"

"如果我不檢查所有的電源插座, 房子會燒毀。"

"如果我離開這個房間時沒有數到十, 我的親人就會發生不幸。"

擔心是普遍存在的，我敢說我們每個人在某個階段都經歷過。例如，我們中的許多人擔心過飛機失事。但儘管有這種擔憂，我們仍然可以理智地告訴自己，這種情況很少發生，把擔心的念頭拋到一邊，然後照常乘飛機旅行。然而，當我們完全相信它會發生在我們身上時，恐懼就會產生，出於謹慎，我們不再乘坐飛機。因此，當我們的擔憂佔據主導，影響我們過上最佳生活時，擔憂就會成為心理健康問題。在其他情況下，我們的擔憂與為防止負面結果而採取的行動完全無關。這時，我們立即意識到這是心理健康問題。強迫症就屬於這一類，例如，為了預防災難而數到某個特殊數位——我們無法從邏輯上理解或解釋這個特殊數位與災難有什麼關係，但我們堅信事實必然如此。

顯然，這些令人擔憂的想法並不代表實際情況，而是腎上腺素激增導致戰鬥或逃跑反應的結果。不幸的是，對於腎上腺素激增的人來說，這些災難感覺非常真實。我們大多數人接受生活充滿不確定性，並非一切都在我們的掌控之中，但我們中患有焦慮症和恐懼症的人屈服於這種微乎其微的可能性，即我們擔心的不良後果將會發生。我們感到被困，預感到即將發生的危險和可怕的災難，我們屈服於恐懼，但恐懼會滋生恐懼。很快，恐懼就會主宰和控制我們的生活。然後，我們就會成為恐懼的奴隸，恐懼成為我們的主人。這就是為什麼我們都需要學會管理我們的擔憂，無論它們看起來多麼微小或微不足道。讓我們從學習一些關於"思想"的重要知識開始。

1. 思想就是思想，思想不是現實

關於思想，我們需要瞭解的第一件事是：思想不是現實。思想本身是我們大腦神經活動的產物。它是一種形而上的東西。思想存在於我們的頭腦中，而我們才是主人。然而，它們會影響我們解釋經驗，感知現實以及對這些經驗做出反應的方式。例如，我們大多數人聽到"槍聲"時都會感到震驚，以為危險即將來臨。但危險的感覺來自我們的內心，我們很快就會發現，外面的現實是鄰居在放鞭炮。

讓我們來考慮一下我們很多人都會患上的常見焦慮症，即社交焦慮症。社交焦慮症的主要特徵是：

- 患者在社交場合，尤其是與他人互動或可能受到審視或評

　　判的場合, 會感到焦慮或恐懼
· 　　此人持續害怕被他人嘲笑, 羞辱或負面評價。
· 　　此人經常竭盡全力避免引發焦慮的情況。

　　社交焦慮症的主要原因是害怕被他人批評, 評判或羞辱, 結果導致社交迴避。對於我們這些患有社交焦慮症的人來說, 決定參加社交活動時, 情緒上的痛苦是難以忍受的。我們總是擔心自己應該穿什麼衣服, 如何以及何時說話, 以及應該以何種方式參與對話。我們之所以做這些過度準備, 是因為害怕被評判或羞辱, 即使沒有證據表明這種情況會發生。最後, 在經歷了數小時的煎熬後, 我們屈服於恐懼, 在週五晚上待在家裡, 獨自一人看著"奈飛"(Netflix), 吃了一大桶霜淇淋!

　　對於社交焦慮症, 我們預設他人對我們有負面看法。對於我的病人, 我會溫和地挑戰他們:

　　你是個讀心者嗎? 答案 是"不是"。

　　你是上帝嗎? 答案 是"不是"。

　　"你無所不知嗎? 答案 是"不是"。

　　"那麼, 你怎麼知道他們在以某種方式想你呢? 你又不是生活在他們腦子裡。"這時, 他們恍然大悟。

　　克服頑固想法的第一步是接受想法只是想法。想法不是現實!

2. 只有當我們付諸行動時, 想法才會成為現實。

　　想法是存在於我們腦海中的想法。它們需要我們的行動才能成為現實。換句話說, 現實就是通過我們的行為實現的思考。《創世紀》4:1-8中的描述很好地說明瞭這一點:

有一日, 那人和他妻子夏娃同房, 夏娃就懷孕, 生了該隱(就是"得"的意思)便說:"耶和華使我得了一個男子。"又生了該隱的兄弟亞伯。

亞伯是牧羊的, 該隱是種地的。有一日, 該隱拿地里的出產為供物獻給耶和華; 亞伯也將他羊群中頭生的和羊的脂油獻上。耶和華看中了亞伯和他的供物, 只看不中該隱和他的供物。該隱就大大地發怒, 變了臉色。

耶和華對該隱說:"你為什麼發怒呢? 你為什麼變了臉色呢? 你

若行得好, 豈不蒙悅納? 你若行得不好, 罪就伏在門前。它必戀
慕你, 你卻要制伏它。"
該隱與他兄弟亞伯說話, 二人正在田間, 該隱起來打他兄弟亞
伯, 把他殺了。

該隱因為上帝接受了亞伯的祭品而沒有接受他的祭品而對他懷恨在心。他懷恨在心, 並計劃殺死亞伯, 建議他們離家出走。在那裡, 他預謀殺害了亞伯。他考慮過, 糾結過, 計劃過, 並付諸行動! 注意上帝對該隱的警告:

你若行得不好, 罪就伏在門前。它必戀慕你, 你卻要制伏它。

----第7節

當上帝對該隱說話時, 謀殺的罪惡還沒有成為現實。事實上, 如果該隱能夠克服自己的想法, 選擇不去付諸行動, 那麼他對亞伯的謀殺意圖就不會成為現實。

3. 放任念頭比阻止念頭更容易

你聽說過關於念頭和粉紅大象的教訓嗎? 這個練習探討了心理意象的概念以及試圖抑制某些念頭的局限性。如果我們被告知不要去想一隻粉紅色的大象, 我們的頭腦會不由自主地浮現出粉紅色大象的形象——儘管我們極力抑制它。在提醒自己停止思考粉紅色大象的同時, 我們的頭腦也會強化它的形象, 使我們更難以停止思考。這個例子強調了我們思維的力量, 並證明僅僅試圖通過意志力來控制它們可能會適得其反。讓一個想法過去比抑制它更容易。專注於積極, 建設性的想法比消極的想法更有益。事實上, 專注於消極的想法只會讓這些想法更加"活躍"。最終, 它們會變得自主, 無論我們是否意, 都會出現在我們的腦海中。

4. 我們不僅僅是思想的集合

當一個人發現自己處於焦慮的境地時, 很容易被焦慮和擔憂的想法所支配。這些想法會越來越"粘稠", 佔據主導地位。最終, 它們會成為一種困擾, 使人失去真實的自我。這種困擾會不受阻礙地發展, 逐漸佔據他們生活的更多領域, 彷彿人的整個存在都由這種困擾所定義。這時, 精神科醫生通常會診斷為強迫症。

許多有焦慮症基督徒會患上宗教強迫症。最初的誘因通常是對錯誤行為或犯罪行為的恐懼。基督徒會因產生這種想法而感到非常內疚, 並試圖擺脫它。但正如我們已從粉紅大象身上瞭解到的那樣, 一個人越是試圖擺脫某個念頭, 這個念頭就會越揮之不去, 讓他一直處於戰鬥或逃跑的超興奮狀態。到這時, 這個念頭已經變成了一種強迫症——它不再取決於這個人是否在思考它。強迫症現在變得自主且獨立於思考者。這被稱為反芻。

在這個階段, 羞恥感取代了罪惡感。基督徒向那些可以說明他的人隱瞞了自己的掙扎。在某些嚴重的情況下, 信徒之間的友誼可能會被切斷——羞恥感太強烈了, 以至於他們無法調和這種困擾與基督教信仰之間的矛盾。矛盾的是, 牧師是基督徒最不想與之交談的人, 因為他們害怕受到譴責。

事實上, 我們比我們的想法和所有想法的總和更重要。《詩篇》139:13-18寫道:

我的肺腑是你所造的, 我在母腹中, 你已覆庇我。我要稱謝你, 因我受造奇妙可畏; 你的作為奇妙, 這是我心深知道的。我在暗中受造, 在地的深處被聯絡, 那時, 我的形體並不向你隱藏。我未成形的體質, 你的眼早已看見了; 你所定的日子, 我尚未度一日, 你都寫在你的冊上了。上帝啊, 你的意念向我何等寶貴, 其數何等眾多! 我若數點, 比海沙更多; 我睡醒的時候, 仍和你同在。

我們不能僅憑想法來定義自己!

通過心靈錨定來處理焦慮的想法

您是否體驗過深海垂釣? 我釣過很多次, 可以說這是一項非常刺激的運動——當你釣到魚的時候。但當你空手而歸時, 一切都會變得非常沮喪! 想像一下, 您正在深海垂釣, 發現一處魚群似乎對您的魚餌非常感興趣。你感到非常興奮, 期待著大豐收。但海浪很大, 船在漂移, 為了保持船身穩定, 防止它遠離有希望的漁場, 你向海床拋下了一根錨。

現在你的船固定在一個地方。它不會在水上左右搖晃。

　　*心靈錨定*的概念與此完全相同。它是指"將自身與理性思維，聖經真理或積極的過往經驗聯繫在一起，以對抗伴隨恐懼和焦慮而來的擔憂想法的能力"。

　　當我們被焦慮或恐懼困擾時，通常會像海浪一樣一波接一波，我們需要將某些東西納入意識，這樣我們的思維就不會飄向消極或災難性的場景。無論我們意識中納入什麼，它都會成為我們關注的焦點，從而超越那些試圖分散我們注意力的消極悲觀想法。

　　在"戰鬥-逃跑"反應的狂潮中，我們可以"拋錨"，將我們的思想固定在理性的想法上，比如過去戰勝焦慮和恐懼的成功經歷，比如聖經中安撫我們心靈的箴言，比如上帝賜予的和平感，或者自我鼓勵的話語。

　　*心靈錨定*是一種練習，遺憾的是，基督徒中很少有人教這種練習，但它非常有益，即使對於那些沒有恐慌發作或焦慮症的人來說也是如此。我自己經常使用它，因為它是一種有用的壓力管理工具，可以促進精神成長。我也把*心靈錨定*作為一種基督徒冥想的形式來練習，並"將人所有的心意奪回，使他都順服基督"（哥林多後書10：4-5）。但對於患有急性或慢性焦慮症的人來說，*心靈錨定*法尤其有效。

急性焦慮症中的心靈錨定

在急性焦慮發作時，我們的身體生理和思維會迅速被戰鬥-逃跑反應所控制。無論實際環境如何，我們的認知都是危險的。急性焦慮症中的心靈錨定包括以下步驟：

1.　承認身體上的焦慮感，不要妄加評論（參考第9章：保持覺察），並說出你的情緒（例如："我感到焦慮。"）
2.　記錄下焦慮的想法，不要過多解釋，對自己說："這些是焦慮的想法。"
3.　無論你坐著，站著還是躺著，感受身體各部位與物理表面的接觸，例如，你的腳踩在地板上，雙腿靠在椅子上，背部靠在床上。對自己說："我正坐在/站著/躺在這裡（說出你所在的地方，例如教堂，購物中心，家裡），然後繼續說："我很安全"或"我很好"。

4. 不要著急, 繼續進行*心靈錨定*練習, 並重複對自己說這些話, 直到身心都慢下來。

5. 用一段《聖經》經文來鞏固你的*心靈錨定*。大聲背誦這段經文, 讓你的精神沉浸於其中。我教我的病人背誦的兩段經文是:

你從水中經過, 我必與你同在; 你趟過江河, 水必不漫過你; 你 從火中行過, 必不被燒, 火焰也不著在你身上。

----以賽亞書 43:2

我留下平安給你們, 我將我的平安賜給你們。我所賜的, 不像 世人所賜的。你們心裡不要憂愁, 也不要膽怯。

----約翰福音 14:27

我上面列出的步驟首先從穩定你的身體感覺開始; 當你的身體接觸地面或椅子時, 找到靜止和穩固的感覺。這可以抵消恐慌發作時由戰鬥-逃跑激素引起的暈動病和頭暈的感覺。

當身體錨定后, 你可以通過*心靈錨*定思維來加強效果, 選擇一種最能給你帶來平靜感的方法。我的大多數患者, 包括基督徒和非基督徒, 都認為《約翰福音》14:27的簡短經文非常有用。這段經文講述了耶穌賜予和平, 他們可以刻意想像耶穌伸出手來賜予他們和平。

在聖經中, 還有許多經文可以用來緩解焦慮或痛苦。只需在聖經應用程式中輸入"不要擔心"或"不要害怕"等短語, 就會彈出許多經文。從你的個性出發, 虔誠地挑選一節與你產生共鳴的《聖經》經文。例如, 我的大多數患者都喜歡《以賽亞書》43:2, 因為它描繪了逆境的場景, 就像焦慮發作一樣。其他人則更喜歡語氣較溫和的詩句, 例如《以賽亞書》41:10:

你不要害怕, 因為我與你同在; 不要驚惶, 因為我是你的神。我 必堅固你, 我必幫助你, 我必用我公義的右手扶持你。

～

最後但同樣重要的是, *心靈錨定*需要練習。即使焦慮發作已經平息, 也要記得繼續習。遺憾的是, 我們大多數人一旦緩解了焦慮, 就不會再繼續練習了。但我經常鼓勵我的病人:"學習游泳的最佳時機不是溺水的時候！"當我們暫時擺脫焦慮時，很多人會停止進行心靈錨定，但隨後焦慮會捲土重來，讓我們措手不及。我經常拿多年前我當窮醫學生時買的那輛舊豐田花冠（Toyota Corolla）打比方。有一天，散熱器過熱，我只好把車停在路邊讓它卻。那次事件后，情況有所好轉，但散熱器還是會偶爾過熱。我養成了在車裡放一瓶水並定期檢查溫度的習慣。這樣，如果看起來又要發生類似事件，我就能在真正開始之前阻止它。我們的神經系統就像我那不穩定的散熱器。有時，即使沒有外部危險的跡象，恐懼反應也會出現。

慢性焦慮症中的心靈錨定

患有慢性焦慮症的人往往會有焦慮的想法在腦海中盤旋，就像令人討厭的牙痛。患者通常將這些想法視為擔憂，它們不像恐慌發作時那種強烈的焦慮想法那樣令人不知所措。但無休止的擔憂仍然會剝奪一個人的自由和生活的樂趣。

慢性焦慮症患者通常會認為自己能力不足或缺乏安全感。

克服慢性焦慮症的心靈錨定練習包括：

- 識別焦慮的身體感覺，不做任何評判（參考第9章：保持覺察）。
- 承認焦慮的想法，說："這是一個焦慮的想法。"
- 將你的思想錨定在過往的成功經歷上，例如"我以前遇到過這種情況，而且表現不錯"或"我以前遇到過這種情況，而且結果很積極"。
- 用聖經中的承諾或關於自己的真理來錨定自己的心態。請參考以下經文：

我靠著那加給我力量的，凡事都能做。

----腓利比書 4:13

住在至高者隱密處的，必住在全能者的蔭下。我要論到耶和華說："他是我的避難所，是我的山寨，是我的神，是我所倚靠的。"

----詩篇91:1-2

因為神賜給我們不是膽怯的心, 乃是剛強, 仁愛, 謹守的心。

----2 提摩太前書 1:7

你可能有自己最喜歡的經文, 這些經文可以用來表達安全感和信心, 用於*心靈錨定*。

- 在你的心靈世界中, 想像自己完全沉浸在聖經經文中關於力量與和平的真理中, 完成日常事務, 或者把自己置於至高者庇護的意象中(詩篇 91:1和 2)。
- 當你進行日常活動時, 要有意識地關注自己的想法和自言自語。如果出現一絲焦慮的想法或焦慮的自言自語, 不要與之爭論, 也不要以任何形式與之接觸。相反, 要輕輕地回憶一下你今天早些時候專注的*心靈錨定*語句, 意象, 聖經真理或承諾。
- 睡前再做一次*心靈錨定*練習, 結束一天的生活。注意一天中任何焦慮問題得到解決的時刻。沉浸在這種成功的感覺中。向上帝表達你的感激之情。祝賀自己! 記住這次成功的事件, 並把它保存起來, 以便在另一天再次心靈錨定自己。

～

當你經常練習某件事, 比如鍛煉和去健身房, 它就會成為你生活方式的一部分。*心靈錨定*可以增強我們的心理健康, 讓我們不易受到壓力和焦慮的影響。我強烈推薦它, 以保持你的心理和精神健康。

第11章

靜默與認識

前兩個練習,*保持覺察*和*心靈錨定*自然地引出了第三個練習:*靜默與認識*。回顧一下,*保持覺察*練習有助於識別和接受焦慮情緒,而無需評判和解釋,因為這些情緒會讓我們陷入混亂。這種混亂會加劇我們的焦慮和恐懼,並加重戰鬥-逃跑反應。而戰鬥-逃跑反應會加劇壓力荷爾蒙的分泌,提高我們的警惕性,並促使我們採取迴避和退縮行為。*心靈錨定*練習進一步幫助人們擺脫消極和焦慮的想法。它使人們擺脫強迫性思維的束縛,防止這些強迫性思維成為自動消極思維,從而擺脫我們意志控制之外的自我運行。*心靈錨定*可以釋放我們的思維空間,讓我們能夠積極有效地應對恐懼和焦慮。

　　*靜默與認識*是一種探索內心深處的旅程,也是一次心靈朝聖之旅。它能夠消除我們心中的爭鬥,將我們帶入寧靜平和的心靈世界。我治療過許多長期遭受恐懼和焦慮困擾的基督徒,。他們曾向不同的治療師尋求諮詢,以緩解恐懼和焦慮,但收效甚微。有些人還服用精神類藥物,但他們的思維總是混亂而焦躁。他們試圖控制自己的思想,正如《哥林多後書》10:5中所述:

> *將各樣的計謀,各樣攔阻人認識神的那些自高之事,一概攻破了,又將人所有的心意奪回,使他都順服基督。*

　　但他們的思維經常混亂,無法集中注意力。有人說,他們心中的信仰對他們的生存狀態沒有影響。另一些人則說,他們腦海中出現了另一種聲音,與他們的正確信仰相悖。這些人遭受了嚴重的創傷,以至於思維陷入高度警覺的狀態。他們無法集中注意力, 因為他們的思維一直在尋找並不存在的危險和威脅。與其簡單地教他們分析自己的想法是否合乎邏輯, 或者告訴他們不要去想它(粉紅大象法!), 我瞭解到一個更有效的方法是教他們練習靜默與認識。

靜默與認識練習

*靜默與認識*是一種植根於基督教靈性的練習。對我來說, *靜默與認識*就是採取一種充滿信任, 耐心和順從的精神姿態。它是一種停止掙扎和戰鬥的狀態, 因此是人們面對危險時傾向於採取的逃避-戰鬥姿態的完美解藥。從心理學角度來看, *靜默與認識*可以消除恐懼和焦慮引起的腎上腺過度興奮和過度警覺。在《聖經》中, 有許多章節提到了"靜默"這一概念。其中包括:

你當默然倚靠耶和華, 耐性等候他; 不要因那道路通達的和那惡謀成就的心懷不平。

----*詩篇37:7*

耶和華必為你們爭戰, 你們只管靜默, 不要作聲。

----*出埃及記 14:14*

你們要休息, 要知道我是神! 我必在外邦中被尊崇, 在遍地上也被尊崇。

----*詩篇 46:10*

讓我們更深入地研究《出埃及記》第14章, 以真正理解這種精神狀態。

故事開始於雅各的後裔——以色列人, 他們在饑荒時期定居埃及。起初, 他們受到埃及人的歡迎, 但最終卻發現自己被新法老奴役和壓迫, 因為法老害怕他們的人數越來越多。以色列人受到法老的虐待, 他們向神呼求解救。最終, 神派摩西作為拯救者——摩西是希伯來人, 被法老的妹妹收養並在法老的宮廷長大, 成為埃及王子。

摩西在燃燒的荊棘叢中親身與神相遇, 他向法老傳達神的要求, 讓祂的子民離開。當法老拒絕時, 十災降臨埃及, 最終導致最嚴重, 最具毀滅性的災難, 即每個埃及家庭的長子死亡。摩西奉命告訴法老, 他必須讓以色列人離開，以便他們可以敬拜上帝，因為他們是他長子（出埃及記4:22和23）。在長子死後，法老終於讓步，讓以色列人離開。但他很快就後悔了。他集結軍隊和戰車，追著以色列人進入曠野，出埃及記第14章的故事就是從這裡開始的。

以色列人很快發現自己被困在曠野，法老的軍隊在身後，紅海在前方。以色列人無處可逃，十分恐懼。一想到要被法老的軍隊屠殺，他們便從恐懼轉為憤怒。他們向摩西抱怨道，他們寧願在埃及做奴隸，也不願死在曠野（出埃及記14:10-12）。摩西回應道：

> *不要懼怕，只管站住！看耶和華今天向你們所要施行的救恩。因為，你們今天所看見的埃及人，必永遠不再看見了。耶和華必為你們爭戰，你們只管靜默，不要作聲，*

> ----*出埃及記 14:13-14*

耶和華對摩西說：

> *你為什麼向我哀求呢？你吩咐以色列人往前走。你舉手向海伸杖，把水分開，以色列人要下海中走乾地。我要使埃及人的心剛硬，他們就跟著下去。我要在法老和他的全軍，車輛，馬兵上得榮耀。我在法老和他的車輛，馬兵上得榮耀的時候，埃及人就知道我是耶和華了。*

> ----*出埃及記 14:15-18*

*靜默與認識*的靈性練習包括兩部分。第一部分是簡單地靜心。第二部分是以一種非常個人化和主動的方式與神"*認識*"和互動。"*靜默*"並不是被動地放棄自己，聽天由命或宿命論。它不是逃避或退縮，也不是脫離現實和周圍環境，或沉溺於想像或幻想。它不是"清空頭腦"。保持*靜默與認識*是對恐懼和焦慮的積極理解，同時也是主動與神交流，堅信神的存在會讓一切變得不同。靜默有助於我們克服逃避和戰鬥的激素，擺脫對毀滅的原始恐懼，與我們的上帝建立聯繫。但靜默而沒有認識是沒有意義的。無論情況如何，我們都必須學會轉向並與我們的主和救主建立聯繫。

我之所以能夠靜下心來，是因為我堅信上帝與我之間有著親密而充滿愛的關係，而不是因為某種神秘的新時代精神。《聖經》中有一句膾炙人口的詩句很好地詮釋了這一點：

> 他說：“你們要休息，要知道我是神！我必在外邦中被尊崇，在
> 遍地上也被尊崇”

> ----詩篇46:10

盟約關係是認識的基礎

讓我們更仔細地研究一下認識上帝和這種盟約關係。

在《聖經》舊約中，希伯來語“認識”一詞是“雅達”（“yada”）。這個詞比單純的智力知識具有更深刻，更親密的含義。在英語中，“認識”一詞通常指智力上的理解。例如“我會（理解）德語”，“我會（理解）烤美味的火雞”或“我會（理解）天文學”等。有時，當我們談論對一個人的瞭解時，我們可能會說“我非常瞭解他”。換句話說，我們暗示我們對他的瞭解比大多數人更深入，而且我們的了解不僅限於表面，而是深入到個人層面。但“雅達”（“yada”）的含義更深。它代表一種深刻的，體驗式的知識，包括個人關係和理解。

亞當和夏娃的盟約關係

讓我們來看看亞當和夏娃之間的關係，這是典型的“雅達”（“yada”）關係。亞當和夏娃的關係以深厚的親密感和深刻的聯繫為特徵。他們之間的聯繫如此緊密，以至於《創世紀》2:23和24將他們描述為一體：

> 那人說：“這是我骨中的骨，肉中的肉，可以稱她為女人，因為
> 她是從男人身上取出來的。”因此，人要離開父母，與妻子連
> 合，二人成為一體。

後來在《創世紀》第四章1節中寫道：

> 亞當認識了他的妻子夏娃，她懷孕並生下了該隱。(新英王欽
> 定本聖經)

亞當對夏娃的認識不僅僅是肉體和性的關係。這是精神，靈魂和身體的親密接觸。這種親密接觸涉及整個人。

我們與上帝的盟約關係

我們與上帝的"雅達"（"yada"）關係也不僅僅基於理智的理解或神學。這是一種深刻的體驗聯繫。它不僅僅關乎頭腦，更關乎心靈。這種關係意味著親身體驗上帝的人格性，並在祂的愛，憐憫，信實，公義與聖潔中體驗祂的屬性。

舊約

在《舊約》中，許多聖經中耳熟能詳的人物都與上帝有著盟約關係。其中包括摩西，他受上帝之命帶領以色列人擺脫埃及的奴役，進入應許之地。通過摩西，上帝將十誡賜予以色列人。事實上，摩西與上帝的關係非常親密，他請求與上帝面對面，親眼目睹上帝的榮光（《出埃及記》38：18-23）。

另一個值得一提的人物是亞伯拉罕，他與上帝的關係基於亞伯拉罕之約（創世紀12：1-3）。這種關係的特點是亞伯拉罕信任並相信上帝是信實的，會實現他承諾的一切（希伯來書11：8-12）。亞伯拉罕與上帝的關係非常親密，以至於後來他被描述為"上帝的朋友"（雅各書2：23）。

大衛王是舊約中另一個以非常親密的方式與上帝建立了非常親密的關係。大衛寫了許多詩篇，向上帝傾訴心聲。他的作品源於他與上帝的親密關係，他信任並服從上帝。大衛寫過最美的詩篇之一是《詩篇》23篇，其中大衛將上帝描繪成溫柔，保護，關懷和仁慈的牧羊人。大衛非常瞭解上帝的心意，這一點甚至寫在了《撒母耳記上》13：14中：

> *現在你的王位必不長久。耶和華已經尋著一個合他心意的人，立他作百姓的君，因為你沒有遵守耶和華所吩咐你的。*

在這段話中，先知撒母耳對掃羅王說，上帝已經為祂的子民選擇了一位新的未來領袖——一個合他心意的人。這個人就是大衛，他後來成為大衛王，以與上帝的深厚關係而聞名。

新約

《耶利米書》31：31-34預言了上帝在建立新約時非凡的承諾：

> *耶和華說："日子將到，我要與以色列家和猶大家另立新約。不*

像我拉著他們祖宗的手，領他們出埃及地的時候，與他們所立的約。我雖作他們的丈夫，他們卻背了我的約。這是耶和華說的。"耶和華說："那些日子以後，我與以色列家所立的約乃是這樣：我要將我的律法放在他們裡面，寫在他們心上。我要作他們的神，他們要作我的子民。他們各人不再教導自己的鄰舍和自己的弟兄說："你該認識耶和華。"因為他們從最小的到至大的，都必認識我。我要赦免他們的罪孽，不再記念他們的罪惡。"這是耶和華說的。

多麼強有力的承諾！現在我們知道耶穌是新約的實現。這就是為什麼他在《路加福音》22:20中說

這杯是用我血所立的新約，是為你們流出來的。

通過耶穌的工作和他在十字架上的犧牲，他使我們能夠與上帝建立新的親密關係（約翰福音14:6，約翰福音1:12）。由於基督在十字架上的贖罪犧牲，我們現在與天父有"雅達"（"yada"）的關係。耶穌基督在《約翰福音》17:21-23中描述了與上帝的親密關係和聯繫：

父啊，求你因你所賜給我的榮耀，使他們都合而為一；正如你父在我裡面，我在你裡面，使他們也在我們裡面，叫世人可以信你差了我來。你所賜給我的榮耀，我已賜給他們，使他們合而為一，像我們合而為一。我在他們裡面，你在我裡面，使他們完完全全地合而為一，叫世人知道你差了我來，也知道你愛他們如同愛我一樣。

我們與上帝的親密關係是通過與基督的認同而實現的。這就是為什麼使徒保羅在《羅馬書》8:14-17中宣稱：

因為凡被神的靈引導的，都是神的兒子。你們所受的不是奴僕的心，仍舊害怕；所受的乃是兒子的心，因此我們呼叫："阿爸，父！"聖靈與我們的心同證我們是神的兒女；既是兒女，便是后嗣，就是神的後嗣，和基督同作後嗣。如果我們和他一同受苦，也必和他一同得榮耀。

我們稱上帝為"阿爸"（親密的父親），就像耶穌稱他的父親為阿爸一樣（約翰福音20:17）。

這就是我們與上帝的"雅達"（"yada"）關係。這是基於基督在十字架上所成就的救贖的深厚關係！上帝也希望我們與他建立這種"雅達"（"yada"）關係。對於那些焦慮不安的人，這個美好的應許提醒我們，上帝渴望我們與他建立安全的關係。

靜默與認識是邁向屬靈境界

基督徒的內心治癒使我們能夠從處理軀體體驗過渡到處理思維，再到處理精神。這是一個從外在（身體）到內在（思維），再到最內在（心靈）的旅程。培養*靜默與認識*的心靈鍛煉需要時間。將心靈沉浸在聖經敘事中，可以幫助基督徒培養*靜默與認識*所需的屬靈姿態。讓我們再看一下《出埃及記》第14章第13和14節的記載：

> *摩西對百姓說："不要懼怕，只管站住！看耶和華今天向你們所要施行的救恩。因為，你們今天所看見的埃及人，必永遠不再看見了。耶和華必為你們爭戰，你們只管靜默，不要作聲。"*

在這種情況下，埃及軍隊正在緊追以色列人剛剛擺脫了世代的奴役。紅海就在他們面前，而軍隊正從後面快速逼近。請注意，摩西對以色列人的命令正是我們在面對焦慮和恐懼時需要採取的心靈姿態：

1.不要害怕

儘管我們體內會分泌大量與逃跑和戰鬥有關的激素，並伴隨著各種不適，但我們可以選擇不做出反應。做出反應只會加劇壓力反應，並延續焦慮和恐懼。我們只需要在理智上承認自己正處於恐懼和焦慮之中，然後選擇以聖經真理為錨，保持靜止不動，並相信上帝掌控一切（以賽亞書46:9-10）。

2. 堅定立場

在處理了恐懼和焦慮的情緒后，我們現在轉向意志。我們被命令要堅定立場，但這是什麼意思呢？堅定立場的命令在《聖經》中多次出現。這是信徒在戰鬥和戰爭時期被要求採取的立場：

這次你們不要爭戰, 要擺陣站著, 看耶和華為你們施行拯救。不要恐懼, 也不要驚慌, 明日當出去迎敵, 因為耶和華與你們同在。

----2 歷代志下 20:17

使徒保羅在他的多封書信中經常告誡基督徒要"站穩腳跟", 例如他在《哥林多前書》15:58和16:13,《哥林多後書》1:21和24,《腓立比書》4:1和《歌羅西書》4:12中都有這樣的勸誡。保羅關於這句箴言的最著名演講見於《以弗所書》6:14:

所以要站穩了, 用真理當作帶子束腰, 用公義當作護心鏡遮胸。

在此語境下, "堅定不移"是指在面對心靈上的鬥爭和挑戰時, 保持對信仰, 信念和正義的堅定。這意味著堅定且毫不動搖地致力於按照上帝的真理和正義生活。正如士兵在戰鬥中堅定地做好準備, 信徒也被要求堅定自己的信仰, 堅持上帝的原則, 依靠上帝提供的精神盔甲來獲得保護和力量。

3.期待拯救

當我們被恐懼和焦慮所困擾時, 很難抱有積極的期望。但期待拯救正是我們所需要的。除非我們抱有希望, 否則一旦焦慮或恐懼來襲, 我們很可能會立即逃離。然而, 對於那些長期遭受焦慮和恐懼困擾的人來說, 他們曾多次陷入放棄的境地——被動地接受自己無能為力, 即使真的有辦法, 也於事無補。幾年前, 我的一位病人就經歷了這樣的經歷。我將他的名字命名為佈雷登·湯瑪斯(化名)。

案例研究

佈雷登·湯瑪斯(慢性焦慮症)

佈雷登第一次被轉介給我時已經28歲了。他從小就患有慢性焦慮症, 布雷登記得自己一生中大部分時間都處於焦慮狀態。生活中幾乎任何情況都會讓他感到壓力, 無論之前經歷過多少次類似的情況。他告訴我:"不知為什麼, 我的大腦會告訴我這次不同, 這次一定會發生不好的事情。" 在轉介給我之前, 佈雷登曾向許多諮詢師, 精神科醫生和心理學家尋求說明。他接受過認知行為療法的治療, 但發現這種療法對他沒有說明。事實上，這種療法反而給他帶來了更多的困擾，加重了他的絕望感，因為即使他識別並糾正了不合理的想法，仍然感到焦慮。

我教佈雷登*"保持覺察"*和*"心靈錨定"*的步驟，說明他注意自己的焦慮，不要做出反應，然後錨定給他帶來積極情緒的經歷，讓他在焦慮四起時也能保持堅定。他取得了不錯的進展，直到我們到了期待解脫這一步。在焦慮中掙扎了二十多年，儘管看過許多專家，卻一次又一次地經歷失敗，佈雷登很難期待解脫。他的治療陷入了僵局，直到他接受這一步驟需要與他的信仰接觸，但無需他主動採取任何行動，僵局才得以打破。就像佈雷登一樣，很多人發現，當他們無需做任何事情就能解決焦慮和恐懼問題時，會感到非常困難。僅僅相信問題會得到解決，似乎太美好而不真實。然後有一天，佈雷登以樂觀的心情參加了他的療程。他告訴我，他取得了突破，在與慢性焦慮的鬥爭中，他終於開始期待上帝的拯救。他到達了這一步，只是簡單地問自己："還有什麼比相信我能得到上帝的拯救更難相信的事情嗎？"他的答案很簡單：當他剛成為基督徒時，他得到了罪的寬恕。有了這個答案，佈雷登成功地克服了慢性焦慮。

關於積極期望的力量，已經有很多文章，包括關於積極心理學，積極思維的力量以及形而上學信仰的文章，討論了我們如何通過內在思想來塑造宇宙。至少在生理層上，我們知道積極期望會誘發多巴胺和內啡肽等神經化學物質的釋放，這些物質直接對抗壓力荷爾蒙的逃避-戰鬥效應。對於基督徒來說，積極的期待是信仰的外在表現，這在《希伯來書》第十一章中得到了很好的闡述。

4. 舉手

在紅海可怕的僵局中，摩西被命令將手舉過水面。幾年前，我重看了1956年，塞西爾· B·德米爾（Cecil B DeMille）執導的電影《十誡》（The Ten Commandments）中，摩西伸出手的場景。紅海海分開，以色列人穿過乾涸的海床到達對岸，躲過了埃及軍隊的追擊。但《出埃及記》的記載卻截然不同：

> *摩西向海伸杖，耶和華便用大東風，使海水一夜退去，水便分開，海就成了干地。以色列人下海中走幹地，水在他們左右作了牆垣。*
>
> *----出埃及記 14:21*

　　摩西似乎在海面上伸了很長一段時間的手,上帝用強勁的東風將海水分開。這與摩西在山上祈禱時,約書亞與亞瑪力人作戰的描述相似。只要摩西的手一直舉著,約書亞的軍隊就會獲勝(出埃及記17:8-13)。

　　讓我們來思考一下舉起雙手的意義。從屬靈的角度來看,人們祈禱時舉起雙手通常意味著渴望與上帝建立聯繫並得到他的祝福。但在《出埃及記》的語境中,它也意味著與上帝建立夥伴關係,儘管程度較輕,但能夠完成上帝的計劃。

　　簡單地說,在焦慮和恐懼中舉起手來,意味著我們想聽從上帝的旨意,與他保持聯繫,與他結伴,克服恐懼和焦慮。每當我們這樣做時,徒勞無功的努力就會停止。我們不再被恐懼和焦慮所困擾,因為我們與上帝聯繫在一起。

　　總之,*靜默與認識*是一種心靈的鍛煉。它是一種基於我們與上帝親密關係的靈性姿態,超越了知識性和理性的辯論。這是一種安息的姿勢,源於對上帝掌控一切並將取得勝利的堅定信念。當我們與上帝緊密相連時,我們就能"認識"他的勝利就是我們的勝利。我們之所以能戰勝一切,是因為祂已經戰勝了一切。在應對恐懼和焦慮時,*靜默與認識*讓我們從保持覺察的技巧(準確評估身體感覺,不判斷)和*心靈錨定*(處理我們腦海中的想法)到內心和心靈的安寧。

第12章

同在

以*靜默與認識*的精神姿態，是進入神同在的下一階段心靈練習的前奏。

我們以靜默的心靈姿態，期待上帝在我們生命中顯現祂自己及其作為。祂的顯現就是祂的同在。在你的生命中，你是否曾經有過如此真切地感受到神同在的時刻？很多時候，我都能感覺到上帝的同在，通常是在我參加基督教聚會的時候。這種體驗是無法用理智理解的。聚會地點是相同的，演奏熟悉的歌曲的音樂家也是相同的，坐在長椅上的人也是相同的。但在我的內心深處，我感覺到上帝的存在是如此真實，彷彿我進入了另一個維度。

我曾多次體驗到上帝的同在使我的靈魂上留下了不可磨滅的印記。我沒有刻意去尋求上帝的同在，它就像上帝的造訪一樣，偶然降臨在我身上。我十四歲受洗時，就經歷了這樣一次體驗。和許多華裔亞洲人一樣，我出生在一個佛教家庭。因此，受洗是我生命中非常重要的事件，因為它不是家庭傳統，而是公開表明我信仰的改變。我接受了浸禮，從水裡出來時，沒有發生任何特別的事情。但在受洗后的許多天里，我感到上帝的同在籠罩著我。這是一種溫暖的感覺，我感到被愛著，被特別對待。我周圍的世界是如此美好，我深深地感到幸福。當時我無法用語言來形容這種感覺，但回過頭來看，這也許就是猶太教和基督教信仰中最重要的"沙洛姆"（"Shalom"）。"沙洛姆"（"Shalom"）是一種對完整，整體，幸福和和諧的深刻感受。

在我參加專科醫師資格考試時，我又一次感受到了上帝的同在。在澳大利亞，醫生必須完成至少五年的學習和培訓才能成為專科醫師。最後要參加一系列考試，並以面對面的評估作為結束。我剛剛進入最後階段。通過考試意味著我將被皇家學院錄取，並被認可為精神科顧問醫生，但最後的評估非常困難。通過率很低，有時只有50%。大多數考生第一次都沒有通過，很多人多次嘗試考試失敗是很常見的，最後只能放棄，成為一名全科醫生。

與許多尋求專長的醫生一樣，在經歷了漫長的本科學習以及多年的專科實習後，我已經結婚並即將迎來第一個孩子的出生。我承擔的風險很大，於是我向上帝祈禱："天父，我已經非常努力，竭盡所能。我只有一次機會通過考試，因為如果失敗，我就無法繼續堅持下去。我想承擔責任，養家糊口。如果失敗，我就只能成為一名全科醫生。父啊，如今我只能仰賴你了！"我還動員了我的岳母——一位虔誠的祈禱者——以及她的代禱者為我祈禱，然後我飛往墨爾本參加期末考試。

評估的前一晚，我睡不著。我腦海中浮現了無數種考試場景，最終我服用了安眠藥。這讓我更加擔心，因為我擔心自己會睡過頭。那天晚上我只睡了三個小時，醒來時感到精疲力竭。但一種不尋常的感覺籠罩著我，彷彿我全身被包裹在一個氣泡中。我感到自己被保護著，不可戰勝，不可侵犯。這種感覺非常特別。我知道這是上帝的眷顧。我通過了三次與真實病人的臨床考核，以及兩位教授的一個小時提問。第二天晚上，我被邀請參加學院的晚宴，慶祝我的成功，我為此穿上了最好的西裝和領帶。通過獎學金考試幾周后，我的女兒出生了。我的生活充滿了難以言喻的喜悅。

20世紀50年代，神經外科醫生懷爾德·彭菲爾德（Wilder Penfield）博士通過電探針刺激大腦的不同部位來研究癲癇患者。一天，他刺激了患者負責記憶形成的顳葉。患者立即"重溫"了特定事件，包括與這些記憶相關的五種感官和情感，非常生動。我們所有的生活經歷似乎都存儲在大腦中，但我們無法輕易訪問它們。事實上，那些經歷過瀕死的人經常描述他們的一生像電影一樣在他們眼前閃過。

這兩次感知上帝在我生命中切實存在的經歷在我的心靈上留下了深刻的印記。每當我進入一種安靜和虔誠的狀態並回憶起這些事件時，我的心靈就會回到天父的面前，就像以前一樣新鮮。彷彿有一個屬靈門戶，通過它我可以進入上帝的同在。就像懷爾德博士的病人生動地回憶起過去的經歷一樣，我相信當我們以靜默和祈禱的心靈姿態，通過回憶，我們就能回到上帝的面前。畢竟，祂是永恆的上帝。

進入神同在的三座橋樑

有三座橋樑可以說明我走向上帝進祂的同在。讓我來與你分享：

1. 你的個人紀念

在《聖經》中，*紀念物*通常是指為紀念重大事件或與上帝的約定而建立的實物，儀式或習俗。它提醒我們上帝的信實，　祂奇跡般的干預或祂對承諾的履行。反過來，我們向祂表達感激，敬畏和崇拜。

我們可以在《創世紀》第28章第10-22節中讀到雅各一生的紀念碑。雅各正逃離想要殺他的哥哥以掃，他走到一個地方，精疲力竭地倒在地上睡著了。他夢見一個從天堂延伸到地球的梯子，天使在梯子上去下來。在夢中，上帝向他說話，重申了與亞伯拉罕的盟約。雅各醒來后，承認上帝是他的上帝。然後他用一塊石頭立了一個紀念碑，並把這個地方命名為伯特利，意為上帝之家。

多年後，在《創世紀》第35章第1-15節中，我們發現雅各正在去見以掃，希望與他言歸於好。在旅途中，他回到了伯特利，上帝在那裡再次向雅各顯現，重申了祂的盟約。雅各又立了一塊石碑作為紀念，並命名為"伊勒·伯特利"，意為"伯特利的神"。在這兩次事件中，雅各都感受到了上帝的同在，但這次他對上帝的信仰變得更加個人化和真實。這就是上帝的影響，每次我們走進入祂的同在，我們的生活都會發生變化，我們對祂也會更加瞭解。

對於基督徒來說，我們共同的紀念日是主的晚餐或聖餐。由耶穌基督親自創立，第一次聖餐記錄在聖經的前三個福音中。耶穌用麵包和葡萄酒作為祂身體的象徵，為我們的罪而破碎，祂的血為我們的罪而流出（路加福音22：19-20）。聖餐的元素提醒人們祂與所有信徒共同締結的新約。從根本上說，聖餐是基督徒的紀念日。

我認為我分享的兩個親身經歷對我來說是一種紀念。它們讓我想起上帝的同在以及祂對我的愛和信實。它們不像雅各的經歷那樣戲劇化，但上帝在我們每個人的生命中以不同的方式工作。你有沒有與上帝及其存在非常親密接觸的經歷？這是你與祂同在的橋樑。

請記住，*紀念*是上帝在你個人生活中顯現的存在的個人和積極的見

證。*紀念*可以引導你進入上帝的同在, 只要遵循以下步驟:

1. 採取*靜默與認識*的心靈姿態(參考第11章)。
2. 慢慢回憶過去的場景, 思考與記憶體驗相關的聲音, 觸覺或其他感官刺激。
3. 讓您的心靈將完整的記憶帶回您的腦海。在填補空白時, 慢慢構建*記念*體驗的細節。
4. 當你的心靈填補了細節后, 深入內心。讓你的心靈停留在上帝的同在。

2. 你的安全之地

不用費心去想答案, 我想請大家思考一個問題:"在福音書中, 耶穌一生中最令你印象深刻的是什麼?"是他的神蹟? 他的寓言? 他與法利賽人和撒都該人的巧妙對話?

我想知道我們當中有多少人說:"他獨自上山"?

關於耶穌上山向天父祈禱的記錄有很多。

> *散了眾人以後, 他就獨自上山去禱告。到了晚上, 只有他一人在那裡。*
>
> ----*馬太福音 14:23*

> *他既辭別了他們, 就往山上去禱告。*
>
> ----*馬可福音6:46*

> *那時, 耶穌出去, 上山禱告, 整夜禱告神。*
>
> ----*路加福音6:12*

> *說了這話以後約有八天, 耶穌帶著彼得, 約翰, 雅各上山去禱告。*
>
> ----*路加福音9:28*

山是耶穌與天父進行親密交流, 尋求指引, 力量和心靈更新的僻靜之地。在這裡, 他遠離了群眾的干擾, 對手的騷擾, 甚至無需為有需要的人提供無休止的服務。這是他與天父之間的聖地。在這裡, 他全神貫注，沉浸在上帝的聖光中。有一次，當耶穌與上帝同在時，他的臉變得容光煥發，衣服閃耀著耀眼的光芒。

正禱告的時候，他的面貌就改變了，衣服潔白放光。

----*路加福音9:29*

聖經學者將此事件解釋為耶穌的顯聖容；他揭開了人性的面紗，揭示了他的神性。我記得聖經中還有一個人，他在山上與上帝共度四十晝夜後，臉上也發出了光芒。

摩西在耶和華那裡四十晝夜，也不吃飯，也不喝水。耶和華將這約的話，就是十條誡，寫在兩塊版上。摩西手裡拿著兩塊法版下西奈山的時候，不知道自己的面皮因耶和華和他說話就發了光。

----*出埃及記 34:28 & 29*

幾年前，我有幸在溫哥華攝政學院一位教授的帶領下，前往埃及和以色列朝聖，這段經歷在我的心靈上留下了不可磨滅的印記。當我們穿越西奈半島時，我懷著敬畏的心情登上了西奈山。我和另一個朋友凌晨三點起床，騎著駱駝在漆黑的曠野中穿行。唯一的照明來源是星星。我仰望天空，不禁想道："當上帝對亞伯拉罕說他的子孫將像星星一樣多時，他是否也有這樣的感受？"我彷彿變成了亞伯拉罕，感到渾身一陣靈性觸電感。

在山腳下，我們離開了駱駝，徒步登上西奈山。一路上我們遇到了其他"朝聖者"，但每個人都安靜地專注於期待。沒有閒聊或大聲喧嘩，我的精神也進入了寧靜的狀態。我感到一種神聖的期待，期待上帝將向我揭示什麼。當我到達山頂時，天色仍然很黑，我選擇了一個安靜的地方等待日出，沉浸在對神的敬畏和祈禱中。當第一縷陽光穿透黑暗時，沙漠岩石上灑滿了金色的光芒。黑暗的天空很快變成了腮紅般的紅色，我強烈地感受到上帝的同在，彷彿祂的手指在西奈山頂描繪了我所見過的第一個也是唯一的早晨。我滿懷感激，感謝祂的臨在和榮耀。這是我的*紀念地*，我的*安全之地*，我多次回到這裏，講述著這一生一次的靈性體驗。

你有與神相遇的*安全之地*嗎？它不必非常壯觀。基督徒通常有最喜歡的地方，在那裡祈禱或安靜地獨處。它可能是家裡的一個私人房間，也可能是靠近大自然的地方。無論是親自回到這些地方，還是通過想像，我們常常會被吸引到神的面前。

《聖經》也是與神相遇的安全之地。《聖經》中有許多段落具有安全之地的特徵和特點。例如, 詩篇23篇和詩篇91篇就是這樣的地方。

詩篇23篇是一個安全之地, 因為那裡有照顧祂羊群的好牧人。好牧人還保護羊群免受傷害和危險, 保護它們免受敵人的傷害。

"至高者的隱密處"是一個安全之地, 因為上帝居住於此。在詩篇91篇中, 我們讀到, 在這個地方, 我們"遠離一切疫病, 傷害, 災難, 野獸, 箭矢和瘟疫"。換句話說, 上帝的同在是我們所有人的避難所和堡壘。

進入你的《聖經》安全之地

你可以通過以下練習進入一個《聖經》安全之地:

1. 採取一種靜默與認識的心靈姿態(參考第11章)。
2. 朗讀你選擇的聖經段落, 例如詩篇23或詩篇91。
3. 將你的心靈沉浸在所選段落中。在聖靈的說明下, 在你的腦海中看到安全的地方。
4. 捕捉你腦海中安全的地方的本質。
5. 讓你的心靈停留在安全的地方, 享受上帝的同在。

進入《聖經》中的安全之地是通過祂的話語。但它可能缺乏個人歷史感, 這可能會讓我們中的一些人難以輕鬆地進入。另一方面, 充滿實際歷史經驗的個人安全空間通常有助於在祂的同在中建立更深的親密關係。我使用個人安全空間的次數比聖經安全空間多, 但兩者都是與神同在的有用工具。

進入你的個人安全之地

(注意:最好有一位你信任的人全程陪伴你完成這項練習。對於某些人來說, 這項練習作為治療的輔助手段會更加有效。)

1. 採取"靜默與認識"的心靈姿態。
2. 慢慢回憶與你的個人安全之地相關的場景, 聲音, 觸覺或其他感官刺激。
3. 慢慢回憶安全之地的細節, 讓靈性將資訊帶入意識, 填補你思維的空白。

4. 當心靈傳遞了所有細節后，深入內心。讓心靈停留在上帝的聖潔之中。

當你準備好了，請上帝讓你想起你希望解決的恐懼或焦慮的細節。堅定地保持祂與你同在的平靜：

1. 考慮焦慮之前的事件或情況。當你經歷恐懼或焦慮時，你在哪兒？當時你在做什麼？是什麼引起了焦慮或恐懼感？

2. 回顧焦慮發作的經歷。你當時有什麼身體感覺？焦慮發作或恐懼的嚴重程度如何？與上次相比，這次是否相同，更嚴重或有所緩解？

3. 回顧你應對焦慮發作的方式。當時你如何應對焦慮發作或恐懼？有沒有什麼可以做得不同的？

現在，請耶穌進入與焦慮發作相關的情境或事件。對於導致焦慮發作的事件或情況，他有什麼見解可以與你分享？耶穌有沒有什麼方法可以幫助你應對焦慮發作？你可能會想記錄下與耶穌"傾訴"的經歷。

擁有一個安全之地不僅有助於我們應對焦慮和恐懼，還能促進我們與天父的相處和關係。個人的安全之地能滋養我們的心靈，促進我們作為上帝子女的成長。

但還有另一種很好的心靈鍛煉，與時刻進入祂的同在有關。它與紀念日無關——它植根於個人記憶中的祂的同在和善良——也與安全之地無關——它把某個地方與祂的同在聯繫起來。相反，它邀請一種屬靈維度進入我們的日常存在，就像我們進行塵世和看似平凡的活動一樣。我稱之為*靈性空間*。

3. 你的靈性空間

基督徒相信上帝創造了宇宙（《創世紀》第1章和第2章）。祂還創造了時間和空間。物理空間的概念廣為人知，因為我們生活其中並與之互動。我們意識到自己的物理空間，因為我們有身體。我們的身體決定了我們相對於他人的位置。但我們也擁有靈性，通過它我們獲得了生命（《創世紀》第2章第7節）。我們既是物質也是靈性，但我們關注*靈性空*

間的程度遠不及關注物理空間。那麼,什麼是*靈性空間*呢?

　　*靈性空間*指的是物質世界之外的維度。它包括與上帝的聯繫,探索我們與上帝的關係,理解真理以及尋找人生的意義和目的。它可能包括祈禱,冥想,敬拜,音樂,反思和沉思等實踐,以增加內心的平靜和對上帝同在的靈性意識。在天堂的這一邊,如果不理解靈性與物質之間的關係,我們就無法完全理解*靈性空間*。

靈性與肉體相互關聯

基於我對人類二元性的信仰(人由身體和靈魂組成),我相信靈性與肉體是相互關聯的。事實上,《聖經》說:"身體沒有靈魂是死的"(雅各書2:26)。雅各進一步向基督徒提出挑戰,告誡我們不要在缺乏對物質關懷的真空環境中表達我們的屬靈信仰——既包括我們自身的物質需求,也包括我們周圍饑餓寒冷的人們的物質需求(雅各書2:14-17)。《雅各書》在第一章27節中說:

> *在神我們的父面前,那清潔沒有玷污的虔誠,就是看顧在患難*
> *中的孤兒寡婦,並且保守自己不沾染世俗。*

　　耶穌還廣泛地教導了生活的物質和靈性層面,強調了兩者的相互聯繫。他的教義涵蓋了與道德,倫理,救贖和現實本質相關的各種主題。

　　在物質領域,耶穌強調同情,愛和關懷他人,尤其是邊緣化和受壓迫的人。他親自創造了無數奇跡,例如治癒病人(馬太福音14:14),耶穌曾餵飽饑餓的人(馬太福音14:13-21),甚至讓死人復活(約翰福音11:1-44),彰顯了他對疾病和死亡的掌控力。耶穌在加利利迦拿的婚宴上創造的第一個奇跡並非驅除惡魔,以彰顯他對黑暗的屬靈力量,而只是簡單的將水變成酒。他改變了液體的物理屬性,而這甚至與他的榮耀有關:

> *這是耶穌所行的頭一件神跡,是在加利利的迦拿行的,顯出他*
> *的榮耀來,他的門徒就信他了。*
>
> ----*約翰福音2:11*

靈性通過物質性得以表達

聖經中充滿了通過物質性來表現靈性的象徵。從會幕(後來是聖殿)及其陳設，到各種宗教儀式，祭祀和典禮，以及各種聖餐，象徵意義比比皆是。會幕(《出埃及記》第25章第31-40節)和聖殿中的金燈檯象徵著上帝在舊約中的指引和智慧，並預示了耶穌是世界之光(《約翰福音》第8章 第12節)。陳設餅桌(《出埃及記》第25章 第23-30節)象徵著上帝是祂子民的供養，預示著耶穌是生命之糧(《約翰福音》第6章 第35節)。逾越節(《出埃及記》第12章)預示著耶穌是上帝的犧牲羔羊(《約翰福音》第1章 第29節)。

在舊約時代，許多這類屬靈活動只在特定的時間和特定的物理空間內進行，這些時間和空間既是集體性的，不是個人性的。例如，只有大祭司才能進入會幕和後來的聖殿中的至聖所，在贖罪日進行年度獻祭。

然而，耶穌的工作使基督徒成為他與天父親密關係的一部分(約翰福音14:20)。現在，信徒與上帝之間通過耶穌基督而緊密相連。通過他，我們可以在信仰中體驗上帝的同在，並與耶穌交流。使徒保羅也贊同這一真理，他說我們的身體是聖靈的殿堂(哥林多前書6:19)。如今，我們可以通過個人空間來表達靈性信仰。事實上，我們被鼓勵懷著對內心最神聖之地的信心來接近上帝(希伯來書4:16)。

對我來說，*靈性空間*是非常私人的。這是我邀請上帝進入的內心空間，讓我與上帝同在。這就像耶穌在《啟示錄》3:20中的描述：

看哪，我站在門外叩門，若有聽見我聲音就開門的，我要進到他那裡去，我與他，他與我，一同坐席。

我的靈性空間

我想與大家分享我每天如何習慣性地創造一個*靈性空間*，以便在充滿上帝的陪伴中開始新的一天。

除非有必要，否則我不會為第二天設置鬧鐘，這樣就不會帶著日程安排入睡。我讓我的心靈在不受我思維支配的時間喚醒我。

當我醒來時，我會慢慢睜開眼睛，而不是從床上跳起來。我讓我的心靈通過身體的感覺或回憶起對上帝的思考來感知上帝的同在。這可能是我學到的屬靈真理，上帝的屬性，或對積極體驗的回憶。我花一點時間沉思。

接下來, 我將注意力轉向靈性層面, 努力捕捉內心的平靜, 包容和滿足。我平靜地起床, 時刻意識到我的父與我同在。此時, 我的環境確實變得更加明亮。我讓我的靈性捕捉環境中任何能強化上帝屬性或祂植入我心中的真理的元素。例如, 後花園裡漂亮的紫薇樹可能讓我想起祂的尊榮。鳥兒打破清晨的寧靜, 鳴叫著, 這是讚美祂威嚴的旋律。

我進行十五到二十分鐘的體育鍛煉, 準備早餐, 同時保持對祂同在的精神關注。有時, 我可能會用語言和心靈與上帝對話。然後吃早餐。

之後, 我會洗個適度長的澡, 讓自己沉浸在水的舒適中, 放鬆身心。我的心靈期待著今天是個好日子, 是父親賜予我享受和遵從他的旨意的一天。

我繼續進行當天的活動, 但我會不時回顧父親在我們一起平靜地問候時傳遞給我的真理。

因此, 我們應對焦慮和恐懼的旅程包括:

1. 承認並接受與焦慮和恐懼相關的身體感覺, 不做任何評判。
2. 將我們的現實錨定在對真實自我的認知中, 而非焦慮的思緒里。
3. 保持靜默與認識的姿態。
4. 進入神的同在。

你是否有一個*紀念, 安全之地*或*靈性空間*, 以協助你走進上帝的同在? 如果沒有, 我鼓勵你建立一個。父在哪裡, 哪裡就有治癒, 因為祂的同在帶來了治癒。祂是耶和華·拉法。主是我的治癒者。

第13章

思維的更新

為了克服恐懼和焦慮症，獲得持久的自由，我們需要與主深入內心，治癒心靈。這需要深入我們性格中潛藏的意識深處。這需要高度的誠實，勇氣和毅力。在精神病學中，我們中的許多人認為只有達到預防復發的程度，治療才算成功。為了實現這一目標，我們需要考慮患者的風險因素以及他們復發的傾向。根據我的經驗，在復發方面，最大的風險因素往往是思維模式有缺陷。

例如，追求完美的人更容易患上強迫症，而且除非他們改變對完美的執念，否則很容易復發。大多數人只有在尋求心理治療時才會改變，因為他們沒有更廣闊的視野和對如何改變的理解，很難調整自己的思維。同樣，要從焦慮和恐懼中實現深層次的內心治癒，我們需要轉變思維。當我們與基督徒治療師一起在聖靈的指引下努力，或者當我們通過接近上帝來尋求祂的幫助，從而實現徹底改變時，我們就能實現這一目標（腓立比書2:13, 羅馬書12:1-2）。

基督的思維模式

在天堂的這一邊，罪並不是唯一阻礙我們成長的東西，它剝奪了我們發揮全部潛能的能力，使我們無法實現上帝賦予我們的全部能力。希伯來書的作者寫道：

我們既有這許多的見證人，如同雲彩圍著我們，就當放下各樣的重擔，脫去容易纏累我們的罪，存心忍耐，奔那擺在我們

前頭的路程。

----希伯來書12:1

有些阻礙我們的東西不屬於罪的範疇。我認為其中之一是我們的心態。使徒保羅在《以弗所書》4:22-24中寫道:

> *就要脫去你們從前行為上的舊人,這舊人是因私慾的迷惑漸漸變壞的; 又要將你們的心志改換一新,並且穿上新人,這新人是照著神的形像造的,有真理的仁義和聖潔。*

思維模式可以被定義為一套信念, 態度和假設, 它們塑造了我們如何看待自己, 他人和周圍的世界。我們的思維模式為我們提供了詮釋與他人的經歷和世界的模型或架。它最終會影響我們與他人和世界的關係, 是我們精神的一部分。

使徒保羅鼓勵我們以謙卑和愛來對待他人, 從而擁有基督的思維模式(腓立比書2:5-8)。他還說, 人的靈照亮自己的心, 而上帝的靈向我們揭示祂的想法:

> *只有神藉著聖靈向我們顯明瞭,因為聖靈參透萬事,就是神深奧的事也參透了。除了在人裡頭的靈,誰知道人的事? 像這樣,除了神的靈,也沒有人知道神的事?*

----哥林多前書2:10-11

保羅相信我們能夠擁有與基督相同的思維模式。通過聖靈向我們揭示上帝的思想, 我們能夠按照耶穌基督的價值觀, 態度和優先事項進行思考和感知。

> *我們所領受的, 並不是世上的靈,乃是從神來的靈,叫我們能知道神開恩賜給我們的事。*

----哥林多前書 2:12

> *然而,屬血氣的人不領會神聖靈的事,反倒以為愚拙,並且不能知道,因為這些事惟有屬靈的人才能看透。*

----哥林多前書 2:14

真正的基督教靈性關注的是心靈問題，因為我們被鼓勵擁有基督的心靈（哥林多前書 2:16）。有了這種心態，我們就能進一步克服焦慮問題和恐懼。

助長焦慮和恐懼的思維模式

我觀察到，有三種心態容易導致我們患上焦慮問題和恐懼。它們還會導致我們在痊癒后復發，甚至拖延痊癒。我還發現，這種脆弱性並不受宗教信仰的影響。它遵循"普遍"法則，就像重力一樣，對基督徒和非基督徒都有影響。基督徒從樓上摔下來時不會飛起來，而是掉到地上，如果沒有任何東西可以緩衝。這就是為什麼我們所有人，無論信仰如何，都必須考慮並意識到這些危險的心態。

完美主義

完美主義者為自己和他人設定了非常高的標準。您可能會問："但是，不斷改進和追求卓越不是好事嗎？"是的，但追求進步和追求完美主義是有區別的。前者有目標和最終目的，而後者永遠無法滿足。完美主義者沒有終點，因為目標總是在不斷變化。隨著人們不斷努力，標準和尺度也不斷提高，這種心態通常會導致兩種負面後果。第一種是，由於不斷努力和難以獲得好結果而精疲力竭，完美主義者會在生活的持續壓力下屈服。第二種後果是，由於無法達到完美的標準，人們甚至放棄嘗試。通常，當人們最不期待的時候，這些壓力可能會引發恐慌。然後焦慮症或恐懼就會出現。

完美主義使我們難以操練對神的信心與信靠上帝。它鼓勵我們自力更生，促使我們追求在天堂的這一邊並不存在的完美。完美主義會讓我們無法在恩典中生活，而恩典讓我們知道我們所擁有的一切都來自上帝的慷慨。我們可能會變得不那麼感恩，這無意中降低了心理健康水準。完美主義者會因為達不到目標而變得非常自我批評，最終他們的慢性焦慮會導致嚴重的抑鬱症。他們通常也會批評那些"不夠好"的人。他們的觀點最多只會讓其他人抓狂，最壞的情況是會導致嚴重的人際關係問題，因為沒有人能達到他們所期望的不合理標準。

作為一名精神科醫生，我一生中見過許多追求完美的基督徒，其中有一位年輕人尤為突出。他當時11年級，第一次接受我的治療時還是門薩(Mensa)的孩子[15], 智商高達140。儘管這位年輕人有著驚人的智力, 但他無法按時完成作業和專案, 因此被轉介給我。他很難開始實際工作, 因為他一直在思考如何給出作業或項目中絕對最佳的答案。他顯然是個完美主義者, 對考試失敗非常焦慮, 我建議他將高中教育從兩年延長到三年。這有助於減輕他的學習壓力, 並有望避免他因表現不佳而感到的不可避免的失望——無論實際表現如何, 他都會感到失望, 因為他只會對完美感到滿意。壓力減輕后, 他有了空閒時間, 可以定期參加我的心理治療。我在治療他的焦慮症時加入了基督教靈性療法, 我鼓勵他接受生活中總會有不確定因素, 而接受不確定性正是我們獲得上帝恩典的途徑。兩年後, 他開始有所好轉, 能夠自信地參加高中考試, 焦慮程度大大降低。他又繼續看了我兩年, 直到完全克服了完美主義。

在過往中滯留太久

焦慮和恐懼通常源於不確定性, 感知到的威脅或過去的創傷。我們中的許多人因焦慮問題而停留在過去的時光中。造成這種情況的原因有很多, 但最常見的是:過去讓我們無法繼續前進; 我們過於認同過去; 我們執著於過去的痛苦。

　　創傷和痛苦是塵世生活的常態。有時, 我們因自己的錯誤選擇而給自己帶來創傷和痛苦。有時, 其他人有意或無意地給我們帶來創傷和痛苦。壓抑或抑制我們對創傷和痛苦的回應, 會對我們的心理和精神生活造成傷害。我們越早學會應對創傷和痛苦, 就能越快地繼續生活。但有些人會糾結於過去, 不願釋懷, 而另一些人則會在放手和放棄之間搖擺不定。遺憾的是, 活在過去意味著, 每當人們回到過去, 他們就會不知不覺地再次受到創傷。戰鬥-逃跑反應再次被啟動, 久而久之, 慢性焦慮症就會發作。戰鬥-逃跑反應頑固地開啟, 拒絕關閉, 人的生活被剝奪了快樂和自由。最終, 他們因心理疲憊而變得抑鬱。

　　過去"滯留"會導致我們在內心療癒之旅中變得簡單化。許多人執著於尋找導致恐懼或焦慮問題的關鍵事件或"根本原因"。事實上, 大多數焦慮和恐懼問題都是由於多種因素共同作用而導致的。這不僅符合我對焦慮症和恐懼症的靈性生物心理社會模型的瞭解, 而且我的個

---

15 要加入門薩(Mensa), 一個為高天賦青年和成年人服務的社會組織, 候選人必須在標準化智商測試中達到或超過第98百分位。

人和職業經驗也告訴我，我們的行為並非發生在真空中。我們如何應對問題會影響我們的環境，甚至影響其他人的行為。我們對雅各恐懼症的研究證明瞭這一點。

沉溺於過去不僅會帶來更多的痛苦，還會改變我們積極的自我認同。很快，我們就以焦慮問題和恐懼來定義自己，正如我在患者身上看到的那樣，他們以"我是精神分裂症患者"或"我是雙相情感障礙患者"來介紹自己。當我們不斷說"我是蒙恩得救的罪人"，而不是"我是上帝心愛的孩子"時，基督徒也會反映出這種糟糕的自我認同。專注於痛苦不僅會加劇痛苦，還會讓我們無法發揮真正的潛力。最重要的是，這會抹殺上帝的主權。我們需要學會"忘記以前的事，不糾纏於過去"（以賽亞書43:18），這樣我們才能邁向上帝為我們設計的更美好的未來：

> *我不是以為自己已經得著了，我只有一件事，就是忘記背後，努力面前的，向著標竿直跑，要得神在基督耶穌里從上面召我來得的獎賞。*
>
> ----*腓立比書3:13-14*

擺脫焦慮和恐懼，就是要走出過去的牢籠，朝著我們的真正潛能邁進。這就是更新的思維。

高度關注未來

還記得1985年上映的邁克爾· J·福克斯主演的《回到未來》嗎？儘管這部電影已經上映多年，但它仍然是廣為人知的經典之作，我們中的一些年輕一代可能已經在奈飛（Netflix）上看過這部電影。這部電影不僅娛樂性十足，而且蘊含著深刻的哲學意義。它探討了時間旅行的概念，並將它與命運與自由意志之間的緊張關係聯繫在一起。主角馬蒂·麥克弗萊（Marty McFly）穿越時空，回到20世紀50年代，然後又來到20世紀80年代，希望改變過去發生的某些事件，從而改善自己的未來。最終，他發現命運的某些方面是不可改變的。這部電影告訴我們，我們有能力為未來做出選擇，但改變歷史進程的能力是有限的。

我們中的大多數人都有過時間旅行的幻想。這似乎是一種普遍現象，也是許多科幻電影中的常見主題。從精神層面來看，我認為這也是一種想成為上帝的錯覺。就像馬蒂一樣，我們想知道未來，以便控制未來。我們幻想自己無所不知，這就像伊甸園中蛇告訴夏娃人類可以"像上帝一樣"(《創世紀》第3章 第5節)的場景再現。當我們過分關注未來時，就會忽略當下。我們不再需要與上帝和他人建立聯繫，變得焦慮不安。一味活在未來，意味著我們不再與上帝同在當下。但耶穌告誡我們："不要為明天憂慮，因為明天自有明天的憂慮。一天的難處一天當就夠了。"(馬太福音6:34)

對未來感到不確定會滋生憂慮，而憂慮又會引發焦慮和恐懼。研究表明，我們大約85%的憂慮不會成為現實。它們只存在於我們的腦海中，但即使在那裡，它們也會損害我們的心理健康。主禱文(馬太福音6:9-13)為我們提供了消除憂慮的方法：

1. 以敬拜的態度與天父建立聯繫，開始新的一天："我們在天上的父，願人都尊你的名為聖"(第9節)。
2. 將你的生活導向天父的國度："願你的國降臨，願你的旨意行在地上，如同行在天上"(第10節)。
3. 請相信我們的天父會照顧我們日常的身體需求："求你今天賞給我們日用的飲食。"(第11節)
4. 請相信祂對我們的恩典："免我們的債，如同我們免了人的債。"(第12節)
5. 請相信祂會照顧我們的精神需求："不叫我們遇見試探，救我們脫離兇惡。"(第13節)

在尋求擺脫焦慮問題和恐懼的過程中，請使用主的禱文來改變你的思維。當你進入你的*安全之地*(參考第12章)時，默想，背誦這段禱文，並在腦海中清晰地看到禱文中各點的現實意義，直到你的心靈得到鼓舞。當你處於你的*靈性空間*時，請使用主禱文中的保證(參考第12章)在日常生活中。在忙碌的日常工作中，不時回顧關鍵點。

更新思維模式的靈修計劃

心理學研究表明，養成新的習慣或改變根深蒂固的行為模式通常需要持續數周至數月的時間進行練習和強化。然而，改變潛在的心態可能需要持續反思，自我認知和長期的治療干預。

重要的是，要耐心對待改變的過程，保持自我同情心，並願意在需要時向值得信賴的人或專業人士尋求說明。雖然改變不會在一夜之間發生，但只要我們付出努力，堅持不懈，並致力於個人成長和發展，改變還是有可能實現的。我們需要一個包含基督教靈性的計劃，以實現心態的真正轉變。下面我提供一個我使用過且效果很好的計劃：

我以《腓立比書》4：4-9作為轉變心態的基本藍圖，以擺脫焦慮和恐懼：

> *你們要靠主常常喜樂！我再說，你們要喜樂！當叫眾人知道你們謙讓的心。主已經近了。應當一無掛慮，只要凡事藉著禱告，祈求和感謝，將你們所要的告訴神。神所賜出人意外的平安，必在基督耶穌裡保守你們的心懷意念。弟兄們，我還有未盡的話：凡是真實的，可敬的，公義的，清潔的，可愛的，有美名的，若有什麼德行，若有什麼稱讚，這些事你們都要思念。你們在我身上所學習的，所領受的，所聽見的，所看見的，這些事你們都要去行。賜平安的神就必與你們同在。*

做出一個激進的決定去喜樂

思維的更新始於一個喜樂的決定。我定義喜樂為內在滿足的外在顯現，反映一種感恩的　感覺和對生命祝福的感激。這是一種主動選擇的生命狀態——滿足於當下境遇，將艱難全然交託於神；　深知我們終被祂慈愛的懷抱所托住，並深信無論遭遇何事，祂的至高計劃必全然成就。

滿足感使我們得以卸下勞愁，止息勞苦奔波。這與快樂不同——快樂是因生活中真實或主觀感受的積極體驗而觸發的情緒波動。在我們與恐懼和焦慮的鬥爭中，我們必須做出一個激進的決定，去觸及內心的滿足感。滿足感將我們與"沙洛姆"（"shalom"）緊密相連——那種深刻的，內在的平安，源自於知道自己被神所擁抱的事實。

提醒自己不要焦慮

在生活中，熟能生巧。選擇堅持任何計劃都是個艱難的決定。這是我們的意志力。當我們的焦慮和恐懼成為常態時，就很難堅持下去。屈服於焦慮和恐懼，任其發展，要容易得多。事實上，我的許多病人——基督徒和非基督徒——都告訴我："醫生，對抗很難。太累了！我通常都會放棄。"

　　然而,如果我們選擇頑強地堅持一個計劃,我們就能慢慢克服焦慮。希望當您讀到這一章時,您已經練習了以下技能:意識到自己的焦慮情緒,但不對它們做出反應;將注意力集中在積極的話語或個人經歷上(或有助於平靜和安寧的聖經經文上);保持精神上的寧靜,認識上帝;積極地進入上帝的同在。這些技能中的任何一項,或結合在一起,再加上練習,都將説明您減少焦慮。

將恐懼和焦慮交託給上帝

我們可以"靠著禱告,祈求和感謝"將恐懼和焦慮交托給上帝(腓立比書4:6)。對我來說,禱告是一種與上帝溝通的個人方式,包括感恩,讚美,敬拜,懺悔和請求。祈求是更具體的溝通方式,側重於干預,協助,指導或祝福。

　　在更新思維模式的旅途中,我們需要不斷與上帝交流。祈禱不是單向地向上帝提出我們的願望或需求,而是雙向的溝通。如果我們把雅各與上帝搏鬥的故事(創世紀32:22-32)看作是祈禱的象徵,那麼我們就能很好地理解祈禱的含義。這是與上帝的一次個人,改變人生的相遇,通過這次相遇,我們"聽到了"上帝的聲音,它發生在我們的安全之地或 靈性空間(參考第12章)。

　　我們的祈禱需要以感恩告終,因為與上帝的真正相遇會改變我們的生活,使之變得更好。在治癒恐懼和焦慮方面,我們需要相信這是已經完成的事情。就像雅各一樣,我們需要認識到我們與上帝的相遇,並在每次經歷后認識到我們的思想如何進一步轉變。我們還需要記錄下來,以便將來回憶。我們可能不會樹立石柱作為紀念物,但我們可以記錄與上帝的相遇。我總是鼓勵我的病人寫"治癒日記",以便他們意識到自己取得了多大的進步。

培養健康的思維模式

如果我們想要更新自己的思維,不僅需要消除焦慮和恐懼等無益的想法和信念,還需要添加積極向上的"食物",例如真實,高尚,正確,純潔,可愛,值得欽佩,卓越或值得稱讚的事物(腓立比書4:8)。我把這稱為健康的思維飲食。健康的思維是經過更新的思維,而更新的思維不再是焦慮和恐懼的溫床。

如果我們想要擁有更新的思維，就需要找出鼓勵我們不要恐懼或焦慮的聖經經文，並每天默想這些經文。其中一些經文包括《以賽亞書》第43章 第1節，第41章 第10節，第41章 第13-14節；《約翰一書》第4章 第18節；《馬太福音》第6章 第28節，第6章 第31節；《路加福音》第12章 第22節。這些只是我最喜歡的經文，但你可能有自己的個人收藏。

你可以將這些經文納入《靜默與認識》和《同在》練習中。

實踐與實踐

使徒保羅告誡他的讀者要將他所教導的付諸實踐（腓立比書4:9），我也會這樣做。真理只有在實踐中才能變得鮮活。在本書的開頭，我提到改變我們的思維方式——即我們的內在工作模式——需要時間。無論我們處於什麼年齡，我們都有一段時期，我們的內在工作模式引導我們感到恐懼和焦慮，並做出相應的行為。雅各花了20年的時間才克服恐懼（創世紀27-33），雖然我並不是說我們都需要這麼長時間，但我想鼓勵大家，治癒過程可能比預期的要長。我們只需要堅持下去。

勝利是許多小成功的累積，直到我們達到某個臨界點，發現自己在新的軌道上。這時，我們才能真正得到上帝的平安（腓立比書4:9）。當我們到達那一刻，我們到達了安息日。我們不再被爭鬥所激勵，而是被休息所激勵，我們迎來了深深的"沙洛姆"（"Shalom"：一種對完整，整體，幸福和和諧的深刻感受）。我們體驗到了真正的滿足，我們的精神富足，靈魂繁榮。這時我們才意識到，我們的父是一位救贖之神，在他的國度里，沒有什麼是被浪費的。無論蝗蟲吃了什麼，祂都會加倍地還給我們（約珥書2:25）。

第14章

凝視天父的臉

在我們所面對的恐懼和焦慮問題的表面之下，很快我們將面臨與我們的內在需求相關的核心問題。這些內在需求有助於表達我們的人性，其中最主要的是對安全和意義的追求。父母關心子女的幸福，通常會通過保護，提供和滿足子女的身體，情感，心理和社會需求來滿足這些需求。由於忽視和虐待等環境因素，或疾病，悲劇，分離和戰爭等父母無法控制的外部環境因素，導致無法滿足孩子的需求。

對安全感和意義感的渴望得不到滿足，往往會導致各種焦慮症和恐懼症。當我們向心理醫生諮詢時，問題可能不會因為開藥或各種心理療法而完全緩解，這些療法有助於修復我們破碎的情感和不良行為。只有直面我們內心未滿足的需求，我們才能完全康復。

看到母親的臉

作為一名實習精神科醫生，我學習過許多不同的心理療法流派。其中，自我心理學流派與我的經歷十分契合。自我心理學是海因茨·科胡特（Heinz Kohut）在20世紀中期發展起來的一種心理分析方法[16]。

自我心理學認為，嬰兒時期，我們缺乏一種凝聚力的自我意識。通過與母親（母親通過面部表情表達自己的情緒）的互動，我們開始形成一種更完整，更連貫的自我意識。如果母親能夠準確地反映我們的情緒，就會肯定和認可我們，從而培養我們的安全感與穩定感。例如，在語言

---

16 科胡特, H. (1971)。《自我分析：對自戀型人格障礙進行心理分析治療的系統方法》。國際大學出版社。

能力尚未發育的嬰兒時期，我們通過哭泣或其他痛苦的行為來表達需求。我們的母親通過情緒來"感知"我們的情緒，然後通過面部表情和安撫的話語做出相應的回應，積極地給予我們安慰和撫育。當我們"讀懂"母親臉上的關愛情緒並得到她的安慰時，我們就會從痛苦中解脫出來。我們的需求得到滿足，我們感到被理解。嬰兒和母親之間的這種互動所產生的積極結果，讓我們更加確信自己的情感是合理的，我們是有價值的，我們受到積極且無條件的愛。這有助於建立自我價值感。但如果母親忽視我們，或者以消極或不恰當的方式回應我們，我們會感到自己不被重視，最終我們長大后自我價值感會很低或很差。

通過母親的鏡像和無條件的愛，嬰兒對她產生了深厚的依戀。他們對母親有一種"喜歡"的感覺，並希望像她一樣。事實上，對於我們這些從母親那裡得到積極和無條件愛的人，她往往是我們的初戀"物件"。母親在塑造我們的身份時給予我們啟發和指導，賦予我們意義，我們成年後遇到困難時仍然向母親尋求說明和安慰，這並不罕見。母親在我們的心中佔據著特殊的位置。

在世俗的分析心理治療中，患者向我們傾訴他們的困難，問題和擔憂。然後，我們用同理心準確地與患者的情緒狀態和痛苦感保持一致。我們不做任何評判，不持批評態度，對患者抱有積極的態度。從這個意義上說，我們扮演著母親的角色，向患者反映他們潛意識中的想法。通過這種方式，我們說明患者"修復"受損的自我意識。然而，我的經驗是，許多患者的心中仍然留有空洞。雖然從理智上理解我們的焦慮問題和恐懼是父母養育不當的結果，而且治療師又給予我們溫暖，同情和接納，但仍然無法填補我們內心的空虛。我認為真正的問題在於，治療師可以無條件地接納我們的患者，但我們卻無法像父母那樣無條件地愛他們。

看到父親的臉

自弗洛德(Sigmund Freud)——精神分析學之父——提出精神分析理論以來，精神科醫生和分析師們就一直在深入研究母嬰關係。在大多數文化中，甚至可以說在所有的文化中，自古以來母親就是主要的照顧者。然而，這並不是說父親在嬰兒的生活中不扮演任何角色。我們每個人都有親密關係的等級，在以核心家庭為主的現代工業化社會中，父親與母親同樣重要。因為父親在嬰兒的正常和健康發展中也起著非常重要的作用，所以父嬰關係也有助於孩子的自我價值得到認可，肯定和建立，以及綜合而連貫的自我意識的發展。

遺憾的是，我們中的許多人一生都缺少父親的陪伴。考慮到上個世紀發生了兩次世界大戰，這種情況尤為普遍。僅第二次世界大戰（1939年至1945年）就是人類歷史上最致命的衝突之一，這場戰爭在全球範圍內造成了巨大的人類苦難，奪去了7000萬至8500萬人的生命，其中許多是男性。在倖存者中，無論是軍人還是平民，都遭受著創傷后應激障礙的困擾，影響了他們的育兒方式。父母教養不當的孩子會把不良的教養方式內化，從而形成惡性循環，即心理不健全的父親養育子女，而子女又養育下一代。如果我們考慮到許多國家在上個世紀都經歷了內戰，那麼這一代"孩子"的父母教養不周的情況確實非常普遍。全球化進一步導致了"缺席父親"現象，因為許多父親不得不花大量時間在國外謀生。這些經歷導致的結果是，當我們看著父親的臉時，我們中的許多人沒有得到足夠的認可和肯定。這讓我們感到內心空虛。我們可能會試圖用追求權力，聲望和財富來填補內心的空虛，但這些都無法用"你很有價值"，"我為你感到驕傲"和"我愛你"這樣的語言來表達。

注視耶穌的臉

在我擔任心理治療師的這些年裡，我發現了一個事實：我們的意義感，自我價值和擁有的合法性是由父母在我們成長時期賦予和培養的。當我們沒有這種認知，或者認知被扭曲時，就很難彌補。我們的成就無法填補這種缺失，但有些人可能會從重要的他人那裡得到治癒，比如慈愛善良的家長式人物或生活伴侶。當我們被真正愛我們的人所愛和重視時，我們的人性得到了最好的體現，而這個人愛我們，是因為我們是誰，而不是我們做了什麼。

難怪《聖經》鼓勵我們仰望上帝。在《詩篇》中，大衛王寫道："你說：'你們當尋求我的面。'那時我心向你說：耶和華啊，你的面我正要尋求"（詩篇27:8），"求你用你的臉光照僕人，憑你的慈愛拯救我。"（詩篇31:16）。

然而，耶穌才是我們最好的榜樣，他來主要是為了向我們展示上帝的面容，以及作為我們的"阿爸"（親密的父親）注視他的面容意味著什麼。

富有的青年官長寓言

讓我們來思考一下《馬可福音》中記載的一個聖經故事[17]：

> 耶穌出來行路的時候，有一個人跑來，跪在他面前，問他說："良善的夫子，我當作什麼事才可以承受永生？"耶穌對他說："你為什麼稱我是良善的？除了神一位之外，再沒有良善的。誠命你是曉得的：不可殺人，不可姦淫，不可偷盜，不可作假見證，不可虧負人，當孝敬父母。"他對耶穌說："夫子，這一切我從小都遵守了。"耶穌看著他，就愛他，對他說："你還缺少一件：去變賣你所有的分給窮人，就必有財寶在天上，你還要來跟從我。"他聽見這話，臉上就變了色，憂憂愁愁地走了，因為他的產業很多。
>
> ----馬可福音10:17-22

這個"富有的青年官長的故事"向我們介紹了一個有權有勢，財富驚人的人。在當今社會，他可能被視為全球精英——人口中0.1% 的頂級精英。這個富可敵國的男人是一個守法公民，從小就遵守上帝的誠命。但他的生活中缺少了一些東西。與同時代的法利賽人和律師不同，他深深意識到自己缺少了什麼，懷著深深的敬意來到耶穌面前，詢問如何才能獲得永生。他知道永生無法用錢買到，而是一種恩賜。

讓我們想像一下，兩千年前，我們就在那裡。更好的是，讓我們想像一下，我們就是那個富有的青年官長，沉浸在耶穌與這個人的交流中：

我們讀到"耶穌看著這個年輕人，就愛他"（第21節）。兩人之間有一種聯繫，當他看著耶穌的臉時，他感受到了這種愛——一種包含著同情但又超越同情的情感。耶穌看著這個年輕人，與他內心，內心空虛以及填補空虛的真誠願望產生了共鳴。他回應了年輕人的請求，讓他賣掉所有東西，分給窮人，然後追隨他。

與某些解釋相反，我不認為那一刻，耶穌本想羞辱這個人或揭露他的弱點。不，耶穌確實愛他，所以他建議這個人用更好的方式來投資他的財富。投資於天上的寶庫，那裡沒有"蟲蛀和毀壞，也沒有賊來偷竊"（馬太福音6:19）。耶穌還邀請這個年輕人跟隨他。他希望這個年輕人像門徒一樣與他一起生活。耶穌看到了這個年輕人的潛力，就像他看到我們每個人身上都有巨大的潛力一樣。他非常愛這個人，希望他能繼承永

---

17 這個故事也記錄在《馬太福音》19:16-26和《路加福音》18:18-27中

生, 也就是與天父和耶穌本人建立深厚而親密的關係:

> *認識你—獨一的真神, 並且認識你所差來的耶穌基督, 這就*
> *是永生。*
>
> ----*約翰福音17:3*

　　這位年輕富有的統治者如果選擇與耶穌同在, 他本可以繼承一切。他本可以發揮自己的潛能, 但我猜想, 這位年輕富有的統治者與許多富人一樣, 對失去財富感到焦慮和恐懼。這就是生活的矛盾! 我們為貧窮而煩惱, 為富有而煩惱。

　　然而, 愛是如此強大, 當我們得到愛, 當我們選擇接受愛時, 它就會激發我們身上最好, 最優秀的一面。

　　當我們注視耶穌的臉時, 我們不禁看到他對我們的愛。這就像我們注視著阿爸父的臉。耶穌實質上是被派來帶我們到父面前的。

> *耶穌說: "我就是道路, 真理, 生命; 若不藉著我, 沒有人能到父*
> *那裡去。你們若認識我, 也就認識我的父。從今以後, 你們認識*
> *他, 並且已經看見他。"*
>
> ----*約翰福音14:6-7*

　　歸根結底, 我們必須通過向我們的阿爸父求助並注視他的臉龐, 來應對我們內心對安全感和意義, 自我價值以及擁有的合法感等未得到滿足或扭曲的需求。作為一名治療師, 當我的基督教患者達到解決內心需求階段時, 我將阿爸父引入我們共有的治療空間。我努力向患者傳達阿爸父的愛, 認可和肯定。我成為患者和阿爸父之間的里程標, 目的是讓他們在阿爸父那裡找到自己完整而連貫的自我意識。畢竟, 阿爸父發明瞭親子關係, 因為祂是第一個原型父母 (瑪拉基書2:10, 以弗所書4:6和使徒行傳17:28-29)。

凝視上帝的臉

在希伯來傳統中, 與上帝面對面是極具精神意義的時刻, 包括體驗上帝的存在, 恩寵, 親密關係和啟示。它表明與神靈的深刻相遇, 這種相遇不可避免地會塑造一個人的屬靈之旅, 以及對上帝的本質和目的的理解。上帝與摩西面對面交談 (出埃及記 33:11), 摩西請求見上帝的

面（出埃及記33:20-23）。主還指示亞倫和他的兒子們用亞倫祝福來
祝福以色列的孩子們：

> *願耶和華賜福給你，保護你。願耶和華使他的臉光照你，賜恩*
> *給你。願耶和華向你仰臉，賜你平安。*
>
> *----民數記6:24-26*

　　我認為我們對於基督教靈性的這一方面強調得還不夠，基督教教義
中也很少探討這一點。如果注視父母的臉對於人類發展和自我認知至
關重要，那麼作為上帝的子民，注視阿爸父的臉又何嘗不是更有價值呢？

　　幾年前，我和妻子有幸訪問了俄羅斯的聖彼德堡。在旅行期間，我
們參觀了著名的冬宮博物館。我期待著欣賞荷蘭畫家倫勃朗·凡·萊因
(Rembrandt van Rijin)的畫作"浪子回頭"("Return of the Prodigal
Son")。這幅畫描繪了聖經中浪子揮霍家產，放蕩不羈，最終回到父親身
邊的寓言故事。畫中，父親溫柔地擁抱兒子，而兒子則跪在父親面前悔
改和謙卑。這幅作品捕捉了寬恕，和解和無條件之愛的瞬間，傳達了救
贖，仁慈和恩典的變革力量的主題。我花了大量時間凝視這幅畫，試圖
讓自己沉浸其中。我驚訝於天父的寬巨集大量。事實上，多年前當我第
一次回到祂身邊時，祂就是這個樣子。我從兒子的角度欣賞這幅畫。現
在回想起來，我在想是否有一天有人會創作出一幅與之相匹配的作品，
這次是從父親的角度，他看著兒子的臉，充滿無條件的愛，肯定和認可，
說："你確實是我的兒子！"

浪子回頭的寓言

浪子回頭的故事是耶穌非常著名的寓言。這是一個關於一位慷慨的父
親和他的兩個兒子的故事。這個寓言傳達了一個關於救贖的奇妙資訊，
但我認為它也蘊含著關於我們內心對安全和意義感的渴望的真理。浪
子回頭的寓言讓我們對心理健康有了很多認識。

　　這個故事在《路加福音》15:11-32中講述。故事開始於一個富人的
小兒子要求分得父親遺產中的一半。我們不知道他提出這個要求的原
因，但也許作為次子，他覺得自己微不足道。他的哥哥擁有長子繼承權，
將繼承父親遺產的兩倍，並將在家庭中擔任領導職位。於是他提出了
要求，父親也如數給了他應得的遺產。

小兒子隱姓埋名前往一個遙遠的國度，打算靠自己闖出一番天地。他想擺脫小兒子這個身份，建立自己的身份。有了父親給他的財富，他本可以找到意義感——的確，財富和權力地位往往讓我們在世人眼中變得舉足輕重。但這個年輕人愚蠢地揮霍著財富，很快發現自己身無分文，只能從事最低賤的工作——餵豬。他的重要性達到了一生最低點。沒有人願意認識他。他的心情和他的社會地位一樣低落。他跌到了谷底。此時，年輕人意識到，即使成為他富足，仁慈，公正的父親的僕人，也比現在好。他感到羞愧，決定沒有其他選擇，只能回家。他的心很沉重，因為覺得自己不合法。他不知道父親是否會讓他成為僕人，還是厭惡地拒絕他。儘管如此，這個可憐，骯髒，一無所有的男人還是踏上了回家的漫長旅程。

兒子不知道，父親每天都在等待他的歸來。當年輕人離家還有一段距離時，父親就在遠處發現了他的身影。在他還沒到家時，父親就衝出來擁抱他，熱情地親吻他。年輕人迫切地想向父親懺悔自己的不配和罪過，但父親只想為兒子的平安歸來感到高興。僕人們奉命為兒子穿上最好的長袍，給他戴上戒指，併為他光著腳穿上涼鞋。然後，父親舉辦了一場盛大的宴會，以最好的食物來歡迎兒子回家。這是一場無與倫比的慶祝活動。

與此同時，長子在田裡辛苦勞作了一天，很快回到家。他聽到了歡快的音樂，歌聲和舞蹈，當他詢問僕人時，僕人告訴他，父親為慶祝弟弟平安回家舉辦了一場盛大的對。長子非常生氣，拒絕參加，父親懇求他，但無濟於事。他痛苦地抱怨道：“我為你工作這麼辛苦，這麼長時間。我感覺自己像個奴隸。我不敢違抗你。然而，我不確定你會不會給我一點東西，讓我和我的夥伴們一起慶祝。現在，你這個可惡的兒子卻揮霍你的財富，犯下罪惡，而你卻大派對！”

父親回答說：“兒子，你和我永遠在一起。我的一切都是你的。我的財富任你支配。但我們需要慶祝你弟弟。他以前不明白做兒子的意義。但現在他明白了！”

請注意，*兩個兒子*都表達了未得到滿足的安全感和重要性需求，這導致他們自我價值感低下。像我們許多人一樣，長兒子通過努力工作和遵守法律來獲得自我價值。但他越走這條路，就越感到不安。他看不到現實，即作為長子，他擁有與生俱來的所有祝福。他感到自己不合法，因為他的行為舉止就像奴隸，儘管沒有人要求他這樣做。他對努力工作和遵守法律的強調導致他缺乏快樂和恐懼。他甚至不敢動用父親的一點資源，他將恐懼轉化為對父親的深深壓抑的憤怒。他覺得父親沒有給予他應有的肯定。

與此同時，小兒子像我們中的許多人一樣，認為沒有父親他也能做得更好。他想靠自己闖出一片天地，但反諷的是，他需要父親的財富才能走上這條路。小兒子一無所有，他用父親的財富來滿足內心對意義的渴望。但當財富失去時，他也失去了培養出的虛假意義感。小兒子還遭受了不合法感，但他的不合法感來自與父親的疏遠。這導致他失去了自我價值，併產生了深深的羞恥感。他的羞恥感使他無視現實，即儘管他做出了錯誤的決定，陷入了災難性的境地，但他的父親仍然可以滿足他對安全和意義的需要，重建他的自我價值。

凝視天父的臉龐，治癒我們未滿足的內心需求

我注意到，遠東地區的許多社會都存在"父親缺席"的問題。在這些國家教授心理健康知識時，當我向人們介紹他們的上帝天父之愛時，他們所表現出的反應總是讓我感到驚訝。看到年長的男女在學會凝視天父的臉龐並回應聖靈的觸摸時哭泣和跳舞，那種喜悅是無法形容的。我的許多基督教患者也是如此，當他們開始意識到上帝離他們並不遙遠時，上帝並沒有不悅，憤怒或冷漠。恰恰相反，祂的心渴望祂的孩子們，祂耐心地等待著我們分享祂的懷抱。我見過無數人擺脫長期的精神健康問題和深切的悲傷，他們在天父面前找到了真正的價值和身份。

凝視天父的臉龐的靈修練習

練習一：認識我們的阿爸天父

1. 擺出"靜默與認識"的心靈姿態，然後閱讀《浪子回頭的寓言》，就像這是你第一次讀到它一樣。
2. 請求阿爸父向你展示祂的臉龐。用自己的語言列出阿爸父的特徵。
3. 與下面的清單進行比較，看看是否有任何一致之處：

   · 祂富有憐憫，仁慈和愛（第12節）

- 祂隨時準備, 願意並有能力治癒(第20節)
- 祂能夠做到超乎我們想像, 遠遠超出我們的期望(第22和23節)
- 與阿爸父一起總是有重新開始的機會(第24節)
- 祂時刻與我們同在(第31節)
- 祂擁有的一切都是我的(第31節)

4. 在你的安全之地或靈性空間(參考第12章), 邀請阿爸父向你展示祂慈愛和善良的更深層知識。

5. 記錄你的靈性體驗。

6. 在日常工作中保持對靈性空間的感知, 在日常生活中接受阿爸父, 因為祂會在你的日常活動中彰顯祂的善良。你不妨將浪子回頭的寓言中領悟的真理應用到自己的身上:
例如, "我宣佈我的阿爸父充滿仁慈, 善良和愛。祂隨時準備, 願意且有能力治癒。祂能做到遠遠超出我期望的恢復。在阿爸父里總是有一個新的開始。祂一直與我同在, 祂的一切都是我的。

你也可以對自己說出《民數記》6:24-26中的亞倫祝福:

例如, "願耶和華賜福給我, 保護我。願耶和華使祂的臉光照我, 賜恩給我。願耶和華向我仰臉, 賜我平安。

練習二:向我們的阿爸父尋求滿足我們內在的需求

1. 以虔誠的態度閱讀《浪子回頭的寓言》, 就像你第一次讀它一樣。

2. 思考我們的需求可以在阿爸父那裡得到滿足的真理:

- 最好的袍子:象徵正義, 滿足我們對安全感需求(第22節)。
- 戒指:象徵阿爸父的授權和力量, 滿足我們對意義感需求。
- 涼鞋:只有阿爸父的孩子才能擁有的奢侈品, 滿足我們對自我價值感的需求。

3. 在你的安全之地，請求阿爸父向你揭示祂如何滿足你對安全感，意義感和自我價值感的需求。你可能喜歡沉浸在以下詩篇中：

- 詩篇23（關於安全感）
- 詩篇8（關於意義感）
- 詩篇139：13-18（關於自我價值感）

在你的靈性意識中保留以下"錨定"經文：

- 關於安全感：耶和華是我的牧者，我必不至缺乏（詩篇23：1）。
- 關於意義感：你已賜我榮耀和尊貴（詩篇8：5）。
- 關於自我價值感：我受造，奇妙可畏；你的意念向我何等寶貴（詩篇 139：14, 17）。

4. 請阿爸父在你的日常工作和任務中向你展示祂的良善。然後，在每天結束時，懷著感恩的心，感謝阿爸父在你從事的日常活動中滿足了你的需求。

練習三：凝視父親的臉龐，審視我們的合法性

就像那對兄弟一樣，我們內心未得到滿足的需求會引發一種不合法的感覺。我們可能會努力獲得財富和權力地位，以彌補我們對於安全和重要性的需求。但內心往往仍存在空虛，導致羞恥和憤怒，我們帶著低下的自我價值感四處走動。我們身邊的人感到困惑，認為如果他們擁有我們所擁有的一切，一定會非常幸福。的確，在我的實踐中，我遇到過許多富有且成就卓越的患者，他們外表高大，內心卻感到渺小。他們無法克服內心的羞恥感，覺得自己是個偽君子。對於我的基督教患者，我會在治療中陪伴他們，特別關注天父的臉龐，尋求治癒。你也可以在自己的安全之地進行這種精神練習：

1. 保持一種靜默的心靈狀態，期待著與天父面對面。
2. 虔誠地閱讀《浪子回頭的寓言》，就像第一次讀一樣。
3. 看看你是否能夠理解兩個兄弟的感受以及他們不合法的觀念。

4. 邀請聖靈向你揭示你的心靈感受；是否有羞恥，憤怒或狂怒。

5. 請聖靈將天父的話語傳達給你："你常與我同在，我一切所有的都是你的。"（第31節）讓你的心靈沉浸在父的真理中。

6. 請阿爸父在日常生活中向你展示祂的良善。然後，在你的日常生活中，每當看到父的良善時，要有意識地意識到這一點。你可以記錄你的體驗在日記上。

7. 最後，在晚上睡覺前，懷著感激之情承認天父的仁慈。

～

我的一位病人請求阿爸天父展示祂的仁慈，他感覺自己被帶到了一個巨大的穀倉，耶穌就在那裡。他明白這意味著他是天父的繼承人，就像耶穌一樣。另一位病人看到自己與阿爸天父一起出現在花園裡，她看著天父的臉。

至於我，當我看著阿爸父的臉時，我看到祂在為我歌唱。幾年前，我在悉尼一家著名的療養中心參加了一次心靈療愈靜修會，就發生了這件事。從週五晚上到周日下午，整整一個週末，我與另外三名參與者共用一間汽車旅館式的房間。當我第一次入住時，房間里沒有人，但我的床上有一段《聖經》經文：

耶和華你的神是施行拯救，大有能力的主！他在你中間必因你歡欣喜樂，默然愛你，且因你喜樂而歡呼

----西番雅書3:17

幾乎立刻，我的心靈就看到了阿爸父在我頭頂跳舞，唱歌，充滿喜慶和歡騰。當時我認為這是不敬的，甚至可以說是褻瀆的，所以拒絕了。但這個動人的畫面從此留在了我的心靈深處。彷彿阿爸父將之銘刻在我的靈魂深處。這件事讓我意識到，我就像《寓言》中的哥哥一樣，通過努力工作和遵守法律來獲得自己的合法性。阿爸父預見了我後來的心靈體驗，併為此做好了準備。這就是阿爸父的慈悲。

如今，每當我進入心靈空間，凝視他的臉龐時，我都能看到阿爸父對我的喜愛。現在，我努力在主的恩典與和平中生活，因為"他使他的臉光照我，使他的臉向我仰起"（民數記 6:24-26）。

那麼，當你凝視阿爸父的臉時，你看到了什麼？祂有一張巨大的心腸和祂對我們的思念比海邊的沙粒更多（詩篇139：17-18）。當你拋開焦慮，恐懼和未滿足的內心需求時，你瞭解祂對你的心意嗎？

我相信，在我們內心深處，我們所有人都渴望看到阿爸父的臉龐；渴望體驗祂對我們的肯定，認可和喜悅，渴望知道自己是有價值的。矛盾的是，我們的焦慮問題和恐懼雖然痛苦，卻能帶領我們踏上治癒之旅，最終看到阿爸父的臉龐——知道祂是永遠善良（出埃及記33：18-19），祂召喚我們成為祂的孩子。這時，我們的神學變成了個人的啟示——我們深刻地理解到，我們與基督緊密相連，基督與父及我們緊密相連，我們與我們的阿爸父緊密相連（約翰福音14：20）。這是我們擺脫焦慮和恐懼的最終自由。

關於作者

黃醫生起初是專業婦產科，但由於婦產科醫生的生活方式過於艱苦，在教授的鼓勵下，他決定改行從事精神病學。他對兒童和青少年工作的熱愛使他專注於兒童和青少年精神科，自那以後，他在這個決定上就再沒有動搖過。黃醫生熱愛他的工作，並感到能在患者的生活中發揮積極影響是他的榮幸。

黃醫生的妻子格拉西亞是一名退休醫生。他們有兩個已成年的孩子，三個漂亮的孫女和一個可愛的小孫子。工作之餘，黃醫生喜歡閱讀，學習新語言，烹飪，種菜，旅行，與格拉西亞一起探索自然，以及與家人共度時光。他和格拉西亞一起在悉尼和海外主持祈禱活動。他堅信使命，在悉尼和海外地區（如東南亞和遠東）從事精神病學教學和祈禱工作。

黃醫生堅信個人賦權和自助。他有一個專門的網站「健康心智概念」（www.healthymindconcepts.com），用於與公眾分享他的心理健康知識和持續學習。他還有一個專門的網站"黃錦成醫生"（www.drkamwong.com）。這一個專門的網站是用於探討心理健康和靈性方面的問題。

黃醫生希望花更多時間寫書，在臨床實踐之外進一步分享他的知識和經驗。

公眾可通過 drwong@drkamwong.com 聯繫黃醫生。

健康心智概念
（Healthy Mind Concepts）

　　黃錦成醫生通過他的網站“健康心智概念”
（**healthymindconcepts.com**）在線提供有關心理健康問題的免費
教育文章。他還推薦了一系列應用程式,如焦慮症工具包,痛苦情緒工
具包,壓力工具包,平靜優化器等,用於解決一系列心理健康問題。這
些程式不能替代心理健康專家對心理健康問題的臨床治療,但它們是
輔助治療的實用自助工具。它們是為那些有興趣在心理健康管理中發
揮更積極作用的人設計的。

致謝

在寫這本書的過程中, 我得到了我親愛的妻子格拉西亞的鼎力支援, 在此深表感謝。格拉西亞是我堅強的後盾。她一直鼓勵我從事基督教事工, 在我的事業和生活中, 她是我最得力的支援者。格拉西亞, 謝謝你讓我接觸到祈禱事工, 無論是作為接受者還是給予者。在悉尼和海外分享我們共同的使命和祈禱事工是一種快樂。感謝你的堅定。

www.ingramcontent.com/pod-product-compliance
Lightning Source LLC
Chambersburg PA
CBHW031419120626
46545CB00006B/2182

* 9 7 8 1 9 9 1 2 9 9 7 7 2 *